Klaus Ziegler

Atheisten und Glaubenszweifler finden Frieden und Heil im katholischen Glauben

Klaus Ziegler

Atheisten und Glaubenszweifler finden Frieden und Heil im katholischen Glauben

Ehemalige Atheisten, Freimaurer, Satanisten,
Esoteriker, Terroristen und andere
berichten über ihre positiven Glaubenserfahrungen

im Fe-Medienverlag, Hauptstr. 22,
D-88353 Kisslegg-Immenried

1. Auflage 2021

Gestaltung: Renate Geisler
Titelbild: Gemälde von Nikolay Losev
Druck: mcp-druk, Polen

ISBN: 978-3-7171-1336-2
Printed in EU

Danksagung

Besonders möchte ich mich bei der Gemeinschaft Familie Mariens bedanken für die Erlaubnis, aus ihren Zeitschriften „Triumph des Herzens“ einige Berichte aus diesen Heften zitieren zu dürfen.

Kurz vor seinem Tod hat der Gründer der Emmaus-Bewegung, Bruder Jan Hermanns, dem Autor die Erlaubnis erteilt, aus seinen Rundbriefen der deutschen Justizvollzugsanstalten Lebensschicksale von Gefangenen zu veröffentlichen, und ihn gebeten, alle zitierten Berichte mit dem Vermerk „Emmaus Rundbrief“ zu kennzeichnen.

Mein besonderer Dank gilt auch den Verlegern und Buchautoren für die freundliche Erlaubnis, aus ihren Werken themenbezogene Artikel in diesem Buch veröffentlichen zu dürfen.

Widmung

Vinciane und ihre Mutter

Vor einiger Zeit las ich einen Bericht über eine Mutter, die vor einer Marienstatue in dem Wallfahrtsort Fatima betete und flehte: „Ich gehe nicht eher von hier weg, bis du meinem Kind Augen schenkst!" Danach sahen die Umstehenden, wie sich im Gesicht des Babys zwei Schlitze bildeten und langsam zwei kleine Äuglein zum Vorschein kamen. Damals hat mich dieser Bericht sehr berührt. Ich konnte nicht ahnen, dass ich später selbst einen ähnlichen Fall mit Erlaubnis der „Gebetsaktion Medjugorje", Wien, in einem Artikel veröffentlichen durfte.

Vinciane betete in dem Wallfahrtsort Medjugorje: „Ich gehe nicht eher aus Medjugorje weg, bis meine Mutter wieder sehen kann." Kurz darauf empfing Vincianes Mutter in der Kirche von Medjugorje die heilige Kommunion. Danach geschah das große Wunder! Die Mutter konnte nach 42-jähriger Blindheit wieder sehen! Zum ersten Mal konnte sie ihre Tochter sehen, die durch ihr Gebet zu dieser unfassbaren Heilung beigetragen hatte. Gott und Maria haben dieses tollkühne und bergeversetzende Gebet in einzigartiger Weise erhört. Diese wunderbaren Heilungen sollen uns daran erinnern, welche gewaltige Kraft im vertrauenden Gebet und in der hl. Eucharistie verborgen ist.

Es ist mir ein großes Bedürfnis, dieses vorliegende Werk den beiden Frauen zu widmen, die uns zeigen, welche verborgenen Schätze im katholischen Glauben liegen, und die uns offenbaren, dass bei Gott nichts unmöglich ist.

Inhaltsverzeichnis

Vorwort 13

1. Ein Kirchenhasser findet auf dem Sterbebett den Weg zur katholischen Kirche 15
2. Ein Feuerschlucker findet kurz vor seinem Tod zum katholischen Glauben 16
3. Ein Atheist erlebt in wenigen Augenblicken die Schönheit des katholischen Glaubens 17
4. Die Rückkehr zum katholischen Glauben verhindert Mord an Priestern und Papst 19
5. Ein Terrorist findet den Weg zum katholischen Glauben 21
6. Ich fand im Buddhismus, bei Gurus und unter Drogen keine Geborgenheit, aber ich fand meinen Frieden in der katholischen Kirche 24
7. Nach meiner Bekehrung zum katholischen Glauben nahm mir Jesus die Furcht vor meiner Hinrichtung 27
8. Eine Bordellbesitzerin und ihre dreißig Mitarbeiterinnen finden nach einer außergewöhnlichen Heilung den Weg in die katholische Kirche 29
9. Mein schwerer Kampf von der Esoterik zum katholischen Glauben 31
10. Der katholische Glaube rettete mich vor Wahnvorstellungen 34
11. Der katholische Glaube führt einen fünfachen Brandstifter zum Priestertum 37
12. Nach Reinkarnation und Esoterik fand ich den Weg zum katholischen Glauben und zu meinem Glück 38
13. Von den Zeugen Jehovas zum katholischen Glauben 41
14. Gott führte mich aus einer Scheinwelt zum katholischen Glauben 45

15. Ich wollte meine drei Kinder töten, doch mein wiedergefundener katholische Glaube bewahrte mich davor 46

16. Der katholische Glaube verhindert einen geplanten Selbstmord 49

17. Ich wurde vom Wahnsinn und Selbstmordgedanken durch meinen wiedergefundenen katholischen Glauben gerettet 51

18. Ein Atheist findet nach einem wahnsinnigen Horrortrip den Weg zum katholischen Glauben und empfängt eine wunderbare Priesterberufung 54

19. Mein Weg aus Esoterik und Okkultismus zum katholischen Glauben 58

20. Nach einer fast tödlichen Erkrankung findet die Mutter zum katholischen Glauben 71

21. Aus Esoterik und Okkultismus fand ich den Weg zur katholischen Kirche 73

22. Der katholische Glaube befreite mich aus der verhängnisvollen Welt des New Age 76

23. Der katholische Glaube rettete Sven vor dem Wahnsinn und ewiger Gottesferne 78

24. Eine sterbende Mutter und ihre zwei Töchter finden Frieden und Heil in der katholischen Kirche 82

25. Ich habe als Atheistin alles ausprobiert, aber ich fand im katholischen Glauben den Sinn meines Lebens 84

26. Durch den Glauben fand Justyna den Weg aus Hexenwahn und Satanskult 86

27. Ein Kommunist entdeckt im hohen Alter die Schönheit des katholischen Glaubens 91

28. Ein Atheist will mit 27 Jahren sterben und entgeht durch den katholischen Glauben dem sicheren Tod 92

29. Nach drei Selbstmordversuchen fand Tibor Liebe und Geborgenheit in der katholischen Kirche 97

30. Ein Kirchenräuber und Drogensüchtiger findet den Weg zum katholischen Glauben 100

31. Mein Weg führte mich von der Esoterik zur Astrologie und zum katholischen Glauben 101

32. Ein ranghoher Freimaurer findet den Weg zum katholischen Glauben 104

33. Eine Heidin findet im katholischen Glauben Rettung und Heilung 111

34. Durch den wiedergefundenen katholischen Glauben fand ich den Weg aus allen Krisen 113

35. Ein Randalierer findet durch den katholischen Glauben den Weg zum Priestertum 115

36. Ein Kommunistenführer findet Frieden und Sinn seines Lebens in der katholischen Kirche 117

37. Der katholische Glaube führte mich aus der Welt der Finsternis in die Arme Gottes 118

38. Ein ehemaliger Satanspriesterkandidat wird ein treuer Mitarbeiter in der katholischen Kirche 122

39. Eine junge Satanistin, die den Auftrag hat, einen Menschen zu töten, findet ihr Heil in der katholischen Kirche 125

40. Durch den Tod meiner Freundin fand ich den Weg zur katholischen Kirche 127

41. Durch Blitzschlag und das Opfer eines demütigen Indios fand ich den Weg zum Glauben 131

42. Eine einzigartige Heilung führt Atheisten und Kirchenhasser in die katholische Kirche 138

43. Ein Freimaurer findet in Lourdes den katholischen Glauben und seine Frau wird geheilt 141

44. Aus den Fängen Satans fand ich durch Maria den Weg zur katholischen Kirche 143

45. Ein jüdischer Katholikenhasser findet durch Fatima den Weg zum katholischen Glauben 146

46. Eine Methodistenfamilie findet nach langem Suchen den Weg in die katholische Kirche 148

47. Viele Prostituierte finden den Weg zum katholischen Glauben 150

48. Ich lernte viele Sekten kennen, aber meinen Frieden fand ich in der katholischen Kirche 151

49. Claudia wurde durch ihren katholischen Glauben aus den Fängen Satans befreit 153

50. Das vertrauende Gebet führte zu einer Heilung und zur Bekehrung einer Familie 156

51. Ein Mörder findet durch seinen katholischen Glauben einen tiefen Herzensfrieden 157

52. Ein Kirchenhasser gerät in große Not und findet das Erbarmen Gottes im katholischen Glauben 159

53. Ein Freimaurer und ehemaliger Erzbischof findet den Weg zur Kirche zurück 160

54. Eine Heidin und ihre atheistische Freundin finden durch eine wunderbare Heilung den Weg in die katholische Kirche 161

55. Ich hatte nur noch Selbstmordgedanken, sodass ich versuchte, mich umzubringen 165

56. Trotz seiner Rockband „Fahrkarte in die Hölle“ fand Claudio Canali den Weg zum katholischen Glauben 168

57. Durch das Gebet meiner Frau wurde ich vollständig geheilt und fand einen Zugang zum katholischen Glauben 170

58. Ein Rebell und Drogenabhängiger wird Ordensmann und überlebt einen gefährlichen Überfall 173

59. Eine berühmte Sopranistin findet zu ihrem verlorenen katholischen Glauben zurück 175

60. Vertrauendes Gebet bewirkt die Heilung eines Kindes und die Bekehrung der Familie zum katholischen Glauben 177

61. Mein Weg von Okkultismus, Magie und Hexenkult zur katholischen Kirche 178

62. Gott holte mich aus der Welt der Finsternis und führte mich in die katholische Kirche 182

63. Der Glaube an Gott hatte für Robert keine Bedeutung, bis ein lebensgefährlicher Unfall ihn zum katholischen Glauben führte 184

64. Der Glaube meiner Eltern rettete mich vor dem Tod und dem Eintritt in eine Terrororganisation 187

65. Gott heilte mich von meiner Alkoholsucht und schenkte mir die Berufung zum Priester 189

66. Ich spreche im Gefängnis mit den größten Verbrechern über die Liebe Gottes und den katholischen Glauben 191

67. Drei Freimaurer finden den Weg zum katholischen Glauben 193

68. Als ich Jesus begegnete, befreite er mich aus Todesängsten und Drogen 195

69. Zwei Heidinnen werden durch eine Marienerscheinung bewegt, sich katholisch taufen zu lassen 197

70. Ein Muslim findet den Weg in die katholische Kirche 199

71. Ein Atheist findet durch eine gute Tat den Weg in die katholische Kirche 200

72. Eine ehemalige Hexe findet den Weg zum katholischen Glauben 202

73. Durch meinen wiedergefundenen katholischen Glauben wurde ich von einer großen Last befreit 204

74. Ein Kirchenhasser verfolgt die katholische Lehre bis zum Letzten und findet in ihr den Sinn seines Lebens 205

75. Ein Atheist wird durch einen Telefonanruf vor dem Selbstmord gerettet und findet im katholischen Glauben seine Zuflucht 207

76. Ein Muslim findet durch eine Marienerscheinung den Weg in die katholische Kirche 208

77. Ein Saufgelage endet mit schwersten Verletzungen, die den Weg zu einer Priesterberufung ebnen 209

78. Ein Mitglied der jüdisch-orthodoxen Familie erlebt in der katholischen Kirche einen unglaublichen Frieden 212

79. Ein Mörder findet Frieden und Geborgenheit in der katholischen Kirche 213

80. Eine Christenhasserin findet den Weg in die katholische Kirche 217

81. Eine große Sehnsucht nach Maria und der Eucharistie führt eine Protestantin in die katholische Kirche 218

Nachwort 221

Literatur 223

Vorwort

Noch nie ist die katholische Kirche wegen der Missbrauchsskandale der Priester und Ordensleute in einen so schlechten Ruf geraten wie im letzten Jahrzehnt. Die Medien übertrafen sich gegenseitig mit Sensationsnachrichten und Schlagzeilen. Die ganze Einrichtung der katholischen Kirche wurde infrage gestellt. Bei einer Debatte im Fernsehen forderte ein Redner sogar, die katholische Kirche sei unzeitgemäß und man solle diesen Verein abschaffen.

Diese Anschuldigungen haben mich dazu bewogen, nach Menschen zu forschen, die Erfahrungen mit dieser katholischen Kirche sammeln konnten. Die Zeugnisse und Bekenntnisse dieser Personen zeigen den katholischen Glauben in einem Licht, das unsere Vorstellungen weit übertrifft. Sie stellen klar, dass sie ohne diese Einrichtung in ihrem Leben kläglich gescheitert wären.

Parallel zu meinen Nachforschungen suchte der Journalist Daniel Gerber in seinem Buch „Esoterik, die unerfüllte Sehnsucht" (Brunnen Verlag, Basel) nach Menschen, die zum Spielball dunkler Mächte geworden sind und durch den christlichen Glauben Unfassbares erlebten. Zwar fand ich unter den 17 aufgeführten Personen niemanden, der im katholischen Glauben Frieden und Hilfe fand und den ich in dem vorliegenden Werk hätte erwähnen können.
Doch unsere Recherchen haben einen gemeinsamen Nenner. Alle Personen, die Daniel Gerber und ich auf sehr verschiedenen Wegen ausfindig machen konnten, haben dieselben Erfahrungen gemacht: Yoga, Reiki, New Age, Reinkarnation, Esoterik, Zen-Meditationen und Ähnliches

führen sie nicht dorthin, wo sie ihr ganzes Glück vermuteten. Viele bezeugen, dass sie sich dadurch am Rande eines Abgrundes befanden und erst durch den christlichen Glauben ihre Befreiung und Erlösung in Jesus Christus erlebten. Rückblickend sind sich diese Personen einig, dass sie sich auf einem gefährlichen Weg befanden, der sie immer weiter von ihrem Gott und Erlöser trennte. Ein Teil der hier aufgeführten Personen sah im Selbstmord die einzige Möglichkeit, die Probleme selbst zu lösen.

1. Ein Kirchenhasser findet auf dem Sterbebett den Weg zur katholischen Kirche

Vor vielen Jahren besuchte ich die Mutter einer Lehrerin, die ich seit einiger Zeit kannte. In der kurzen Zeit, die ich dort verbrachte, lernte ich auch den älteren Bruder der Mutter kennen, der mit im Hause wohnte. Bei den Gesprächen merkte ich schnell, dass ich es mit einem sehr großen Kirchen- und Gotteshasser zu tun hatte, der kein gutes Haar an der Kirche ließ. Gegenargumente schmetterte er sofort und lautstark nieder und ließ kaum eine Möglichkeit zu, auch von den positiven Einrichtungen und Entwicklungen in der Kirche zu sprechen. Als Seemann hatte er wahrscheinlich keine guten Erfahrungen mit dem Glauben machen können und sein Herz verhärtete immer mehr. Für Gott, Kirche und Glauben hatte er nur noch Spott und Ironie übrig. Umso mehr erstaunte mich, dass die Lehrerin, die diesen Besuch ermöglicht hatte, in den Orden der Dominikanerinnen eintrat. Als ich diese Ordensschwester einige Zeit später besuchte, fragte ich natürlich auch nach ihrem Onkel. Sie sagte sinngemäß, dass ihr Onkel bis kurz vor seinem Tod alles ablehnte, was mit Glauben zu tun hatte. Doch sie habe mit ihrem ganzen Konvent um die Bekehrung und Rettung ihres Onkels gebetet. Kurz vor seinem Tod habe er dann tatsächlich zu seinem Glauben zurückgefunden und die Sakramente der Kirche empfangen, danach sei er friedlich eingeschlafen.

2. Ein Feuerschlucker findet kurz vor seinem Tod zum katholischen Glauben

Während meiner Studienzeit besuchte ich gelegentlich sonntags ein sehr großes Krankenhaus, um das Personal zu entlasten und Kontakt zu den Patienten aufzunehmen. Bei dieser Tätigkeit lernte ich viel Leid und auch den Tod kennen. Als ich an einem Sonntagmorgen ein Krankenzimmer betrat, erkannte ich sofort das Gesicht eines berühmten Feuerschluckers, den ich bei seinen Darbietungen früher immer bewunderte hatte. Die Stationsschwester gab mir zu verstehen, dass er an Kehlkopfkrebs erkrankt sei und es langsam zu Ende gehe. Was mir an diesem Patienten besonders auffiel, war sein abgrundtiefer Hass gegen Gott und die Kirche. Er fluchte und schimpfte über alles Religiöse und war voller Groll und Unzufriedenheit. Als ich ihn am nächsten Sonntag wiedersah, spürte ich sofort, dass sich etwas Fundamentales ereignet hatte. Behutsam erkundigte ich mich nach seinem Befinden und seinen Schmerzen. Da blickte der todkranke Artist voller Achtung und Ehrerbietung zur Wand, an der ein Kreuz mit dem Gekreuzigten hing, und voll tiefer Bewunderung flüsterte er: „Jesus hat noch viel mehr Schmerzen ertragen." Bei diesen Worten konnte ich einen tiefen Frieden bei dem Sterbenden wahrnehmen. Er hatte sich mit Gott versöhnt und die Frucht dieser Versöhnung war ein unbeschreiblicher Friede im Angesicht des Todes. Ich war zutiefst bewegt und erschüttert von diesem Erlebnis. Kurz danach starb der Feuerschlucker, der von Tausenden von Menschen bei seinen Darbietungen bewundert und gefeiert worden war, einsam, aber sehr glücklich und zufrieden durch seinen wiedergefundenen Glauben an seinen Erlöser. Als ich der Ordensschwester dieser Station die positive Veränderung mitteilte, versicherte sie: „Wir haben alle für seine Bekehrung gebetet und Gott hat unser Gebet erhört!“ In diesem katholischen Krankenhaus arbeiteten damals circa 90 Ordensschwestern und opferten sich Gott auf für das Heil und die Rettung der Patienten.

3. Ein Atheist erlebt in wenigen Augenblicken die Schönheit des katholischen Glaubens

Vor einigen Jahren predigte ein Franziskanerpater über die Bekehrung eines Journalisten, die weltweit Aufsehen erregte. Nach der Predigt ließ ich mir Unterlagen schicken über die außergewöhnliche Bekehrung. Es war das Bekenntnis des Journalisten André Frossard, mit dem er Hunderttausende tief bewegte. In seinem Buch „Gott existiert – Ich bin ihm begegnet“ berichtet der ehemalige Atheist über seine überwältigende Gottes- und Glaubenserfahrung, aber auch über seine abwertende Einstellung gegenüber Gott und der Kirche vor seinem Erlebnis. Er schildert: „Wir waren perfekte Atheisten, von der Sorte derer, für die der Atheismus kein Problem mehr ist. Auf alle Fälle, wenn ich glaubte, dass es eine Wahrheit gebe, wären die Priester die letzten Menschen, die ich darnach fragen würde, die Kirche, die ich nur aus einigen ihrer zeitlichen Fehler und Missstände kenne, ist der letzte Ort, wo ich sie suchen würde.“

Und so geschieht seine Bekehrung: Als André mit seinem Freund Willemin einen Ausflug macht, besucht dieser eine katholische Kirche, während er im Wagen auf ihn wartet. Nach ungeduldigem Warten entschließt sich André in die Kirche zu gehen, um seinen Freund zu suchen. Im Inneren des Gotteshauses sieht er betende Ordensschwestern, ein Kreuz und eine Hostie in einer Monstranz. In diesem Augenblick bricht der Himmel für ihn auf, den er so beschreibt: „Ich sage nicht: Der Himmel öffnet sich; er öffnet sich nicht, er stürzt auf mich zu. Es ist Wirklichkeit, es ist die Wahrheit, es ist die Gegenwart, ist die Person, die ich vor einer Sekunde noch geleugnet habe, den die Christen ihren Vater nennen und dessen milde Güte ich an mir erfahre, eine Milde, die keiner gleicht. Eine Milde, die alle Gewalt übertrifft. Ihr überwältigender Einbruch ist begleitet von einer Freude, die nichts anderes ist als der Jubel des vom Tod Erretteten."

André Frossard erfährt erst später, dass die Schwestern, die vor dem Allerheiligsten beteten, die Schwestern von der sühnenden Anbetung waren. Er misst ihnen keine weitere Bedeutung zu und bemerkt nur: „Das Grab, das das meine sein wird, liegt gegenüber der Grabstätte der Schwestern von der sühnenden Anbetung."

Ich denke aber, dass es – wie in den beiden Berichten zuvor – auch hier gerade das Gebet der Ordensschwestern war, dass das Leben dieses Atheisten in Sekunden veränderte.

4. Die Rückkehr zum katholischen Glauben verhindert Mord an Priestern und Papst

Das Leben des Italieners Bruno Cornacchiola ist ein eindrücklicher Beweis für die wunderbaren Früchte des katholischen Glaubens. An der Seite der Kommunisten kämpfte Bruno im Spanischen Bürgerkrieg gegen die Katholiken. Unter den Kameraden fand er einen deutschen Protestanten, der einen abgrundtiefen Hass gegen die katholische Kirche hegte. Er konnte Bruno davon überzeugen, dass der Papst der schlimmste Feind der Menschheit und ein Werkzeug Satans sei. Deshalb war Bruno Cornacchiola bald fest davon überzeugt, dass er die Menschheit von diesem Papst befreien musste. Noch vor seiner Rückkehr nach Italien kaufte er sich deshalb in Toledo einen Dolch und beschriftete den Griff mit der Parole „Tod dem Papst!“

Von nun an versuchte er, der katholischen Kirche zu schaden, wo immer er nur konnte, und wurde zum fanatischen Kämpfer gegen den Papst, die Gottesmutter, die Eucharistie und die Sakramente. In seinem Wahn wollte er nicht nur den Papst ermorden, sondern auch jeden Priester, der ihm begegnete.

Am Samstag, den 12. April 1947, spielten seine drei Kinder mit einem Ball in Tre Fontane bei Rom, wo der Überlieferung nach der Völkerapostel Paulus enthauptet wurde. Hier arbeitete Bruno an einer Hetzschrift gegen die Kirche und die Gottesmutter Maria, mit der er beweisen wollte, dass die Lehre der katholischen Kirche über Maria den Aussagen der Bibel widerspricht.

Unterdessen hatten seine drei Kinder den Ball verloren und suchten ihn. Als sie nicht zurückkamen, machte sich Bruno auf den Weg und fand die Kinder in einer Grotte auf den Knien. Ständig wiederholten sie die Worte „Schöne Frau!" Nachdem sich die Kinder nicht ansprechen und aufheben ließen, geriet Bruno in Panik und flehte: „Gott, rette uns!" Eine tiefe Finsternis umhüllte ihn, die sich langsam auflöste. Schließlich sah er ein Licht und eine Erscheinung von grenzenloser Schönheit und Milde, dann hörte er die Worte: „Ich bin die, die ich bin in der göttlichen Dreifaltigkeit. Ich bin die Jungfrau der Offenbarung. Du verfolgst mich. Nun reicht es! Betritt den heiligen Schafstall, den himmlischen Hof auf Erden."

Bruno verstand sofort, dass er einer Erscheinung der Gottesmutter gewürdigt wurde. Überwältigt von diesem Erlebnis, wandte er sich wieder der katholischen Kirche zu und wurde einer ihrer glühendsten Verteidiger.

Am 9. Dezember 1949 übergab Bruno Cornacchiola dem Papst persönlich den Dolch mit der Aufschrift „Tod dem Papst!" und seine protestantische Bibel, auf der die Worte standen: „Sie wird das Ende der katholischen Kirche herbeiführen und der Papst wird das erste Opfer sein."

Durch das Wunder einer Vision wurde dem ehemaligen Kirchenfeind, der die Absicht hatte, Priester und den Papst zu töten, die Schönheit und Erhabenheit des katholischen Glaubens geoffenbart. Und seine Rückkehr zum Glauben war auch segensreich für viele verunsicherte Christen, die dadurch wieder neu den Weg zur katholischen Kirche suchten.

Quelle: Triumph des Herzens, 2006, Nr.77

5. Ein Terrorist findet den Weg zum katholischen Glauben

Unter schwierigen Umständen und mithilfe eines Ordensmannes gelang es mir, mit einem ehemaligen IRA-Terroristen ein Interview zu führen. Offen berichtete er über seine traurige Vergangenheit und seinen Weg zu Jesus: „Im Jahre 1978 trat ich der Irisch Republikanischen Befreiungsarmee (IRA) bei. Bald wurde ich Befehlshaber einer Truppe, die Bestrafungen in West-Belfast vornahm. Die Gründe, warum ich in diese Terrorgruppe eintrat, waren sehr einfach. Ich war immer an der republikanischen Politik interessiert und an der Idee eines Vereinigten Irlands. Als ich zwei Jahre alt war, verloren wir unser Zuhause. Es wurde überfallen und durch Bombenangriffe zerstört. Menschen, die ich kannte, wurden von Soldaten getötet.

In der IRA wurden wir mit Waffen versorgt und gut ausgebildet. Uns wurde eingeschärft, „von Herzen zu töten". Im Jahr 1980 trat ich der „active service units", einer Sondereinheit innerhalb der IRA, bei. Diese Gruppe hatte den speziellen Auftrag, britische Soldaten und Polizisten hinterrücks zu ermorden. Am 15. Februar 1982 besetzten wir ein Haus und nahmen alle in diesem Gebäude versammelten Personen als Geiseln. Wir versuchten, zwei britische Soldaten, die bei ihrem Fahrzeug standen, zu erschießen. Kurz darauf wurden wir von einer Armee-Patrouille festgenommen. Das war nur wenige Monate vor meinem Abschlussexamen in Belfast. Am 12. Januar 1984 verurteilte mich ein Gericht zu zwölf Jahren Gefängnis."

Dort fand er zum katholischen Glauben. Ich wollte von ihm wissen, wie das geschah.

Er erwiderte: „An Ostern 1984 predigte Pater Paddy Kenny bei uns im Gefängnis und erwähnte den Ort Medjugorje. Er berichtete von Personen, die in Medjugorje waren und dort große Heilungen erlebten. Der einzige Grund, an Sonntagen in den Gottesdienst zu gehen, bestand für mich darin, Freunden zu begegnen und Tabak und Nachrichten auszutauschen. Noch nie hatte ich mich für die hl. Messe interessiert. Pater Paddys Bericht über die Botschaften von Medjugorje aber erregte meine Aufmerksamkeit. Er sprach über die Seher, über Friede, Bekehrung, Buße und Fasten. Mit seinen Ausführungen über die Barmherzigkeit Gottes wollte er beweisen, dass auch ein Mörder nicht von der Liebe Gottes ausgeschlossen ist. Zunächst war ich äußerst skeptisch, doch ich spürte bald, dass dieser Bericht zum Samen für meinen Glauben wurde. In der Stille meiner Zelle durfte ich dann einen Gott erfahren, der vergibt und mich liebt. Deutlich erkannte ich, dass das Kreuz ein machtvolles Symbol der Liebe Gottes ist. Ich dachte über mich und mein Leben nach und stellte mir Fragen. Waren die Erscheinungen in Medjugorje echt? Welche Entscheidung musste ich treffen, wenn diese Ereignisse der Wahrheit entsprachen? Allmählich spürte ich den Ruf zur Umkehr. In meinem Herzen regte sich der Wunsch, in die Welt zu gehen und anderen Menschen von der Liebe und Vergebung Gottes zu berichten, so wie ich sie in meiner Zelle erleben durfte. Ich habe die wunderbare Vergebung meiner Sünden und die unendliche Liebe Jesu erfahren. Daher glaube ich auch, dass wir mit der Hilfe Jesu und des Heiligen Geistes die Botschaft der wunderbaren Vergebung allen Menschen, die ein gebrochenes oder verwundetes Herz haben, verkünden können. Wir können ihnen die Botschaft bringen, dass Jesus das Leben, der Sinn unseres Daseins und unsere Hoffnung ist, und ihnen erklären, dass Gott die Menschen liebt, ihnen die Sünden vergibt und ihre kranken Herzen heilt. Als ich im März 1988 begnadigt und aus dem Gefängnis entlassen wurde, fuhr ich sofort nach Medjugorje."

Ich fragte meinen Interviewpartner, ob er dort etwas Besonderes erlebt habe.

„Ja", versicherte er mir: „Während meines Aufenthaltes in Medjugorje erfuhr ich einen wunderbaren Frieden, eine große Liebe und ein Wachstum im Glauben. Ich erlebte einen Gott, der mir nahe war. Ich spürte die Macht Jesu in der hl. Messe und im ausgesetzten Altarsakrament. Es war für mich eine wunderbare Offenbarung von Gottes Güte und Barmherzigkeit. Hier begegnete ich auch einem britischen Soldaten, einem meiner ehemaligen Gegner. Die Botschaft von Medjugorje hatte uns zusammengeführt. Wir umarmten uns wie Brüder, nicht wie Feinde. Den Bitten der Gottesmutter verdankten wir beide unsere Bekehrung. Jesus sehe ich – wie in einer Art Vision – als meine Zukunft. Das erfüllt mich mit Hoffnung und Liebe und gibt meinem Leben einen Sinn. Ich glaube, dass Jesus die einzige Antwort ist auf die Zerrissenheit der Menschen, die oft einen Ersatz im Alkohol, in der Gewalt oder in sexuellen Ausschweifungen suchen."

Als ich ihn nach seinen Zukunftsplänen fragte, erwiderte er, dass er sich um junge Menschen bemühe, damit sie den Weg zum Glauben finden: „Ich möchte ihnen durch meine Arbeit klarmachen, dass Jesus die Antwort auf ihre

Fragen, ihre Zerrissenheit, ihre Suche nach dem Sinn des Lebens ist."

Am Beispiel dieses Exterroristen zeigt sich die ganze Kraft unseres Glaubens: Zwei Menschen, die sich einmal als Todfeinde gegenüberstanden, umarmen sich wie Brüder, weil sie die Botschaft der Gottesmutter in Medjugorje in ihrem Herzen verwirklichen.

6. Ich fand im Buddhismus, bei Gurus und unter Drogen keine Geborgenheit, aber ich fand meinen Frieden in der katholischen Kirche

Eine junge ehemalige Atheistin berichtete über ihre verzweifelte Suche nach Glück und Geborgenheit. „Ich war immer auf der Suche nach etwas. Im Laufe der Zeit lernte ich einige Gurus und den Buddhismus kennen. Jahrelang hatte ich Rauschgift, meistens Haschisch und manchmal auch LSD, genommen. Viele Nächte verbrachte ich in Diskos. Ich wuchs in einer total zerrissenen Familie auf. Mein Vater war Alkoholiker, meine Mutter ihm hörig. Ich war nur noch ein chaotisches Bündel Mensch. Da erzählte mir ein Arbeitskollege, dass in einem kleinen Dorf in Bosnien die Muttergottes einigen Jugendlichen erscheine. In meiner Not hörte ich mir dieses „Märchen" meines Kollegen an, um mir dann zu sagen: „Armer Irrer!" Seine Begeisterung und Überzeugung beeindruckten mich aber doch etwas. Schließlich erklärte ich ihm, dass ich diese „ach, so tolle Harmonie" selbst einmal kennenlernen möchte.

Kurze Zeit später bekam ich Urlaub. Es bot sich die Gelegenheit, in einem Auto nach Medjugorje mitzufahren. Die Leute waren alle sehr nett, aber sie beteten wie die Wilden. Für mich war das eine maßlose Übertreibung. Während der Fahrt musste ich plötzlich heftig weinen; ich konnte mich kaum beruhigen. Dieser Vorfall war mir natürlich sehr peinlich. In Medjugorje war ich sehr neugierig. Auf unerklärliche Weise zog es mich – mitten in der Nacht – auf den Erscheinungsberg und im Verlauf des nächsten Tages geschah etwas Seltsames. Ich wollte mich unbedingt bei jemanden aussprechen. Ich hatte keine Ahnung, was mit mir los war, denn plötzlich spürte ich, dass die liebe Gottesmutter wirklich hier anwesend ist, und was noch wichtiger war, dass sie meine Mutter und die Mutter aller Menschen ist. Während eines ausführlichen Gesprächs mit einem Geistlichen wurden mir die Höhen und Tiefen meines Lebens noch einmal bewusst. Alles, was sich in der langen Zeit in mir angestaut hatte, konnte ich hier loswerden. Es war ein befreiendes und heilsames Gespräch. Ich fühlte mich danach wie neugeboren und fuhr als anderer Mensch nach Hause."

Ich fragte die Frau, ob sie nun die Absicht habe, zur katholischen Kirche zu konvertieren, worauf sie antwortete: „Ja, ich möchte katholisch werden, aber ich habe in meiner Umgebung fast niemand, der mir dabei helfen könnte. Den katholischen Katechismus habe ich für mich allein gelernt, aber jetzt brauche ich notwendig einen Halt und sehe in einer Konversion für mein Leben eine große Chance."

„Kann man bei Ihnen von einer Bekehrung sprechen?", fragte ich weiter. – „Doch, auf alle Fälle, ich bin Gott näher gekommen und sehe jetzt einen sinnvollen Weg für mein Leben."

Zwei Jahre nach diesem Interview fragte ich sie erneut, ob sich Ihr Leben durch ihren Besuch in Medjugorje positiv verändert habe, worauf sie antwortete: „Ich hatte noch einmal Gelegenheit, nach Medjugorje zu fahren. Hier half mir die Muttergottes, den katholischen Glauben ganz zu entdecken. Ich wurde katholisch und empfing auch das Sakrament der Firmung. Seither geht es mir viel besser, ich bin viel ruhiger geworden. Die heilige Kommunion ist für mich zur Kraft- und Gnadenquelle geworden. Trotzdem ist das Leben ein täglich neu beginnender Kampf, aber mit dem riesigen Unterschied, dass ich jetzt ein Ziel vor Augen habe."

Meine Gesprächspartnerin fand im Erscheinungsort Medjugorje zu Liebe, Glück und Geborgenheit, weshalb sie auch für alle, die auf der Suche sind oder eine ähnliche Vergangenheit wie sie hatten, folgenden Rat bereithält: „Ich empfehle jedem, der Glaubenszweifel hat, so schnell wie möglich nach Medjugorje zu fahren. Er möge beten: „Wenn es Dich gibt, lieber Gott und liebe Gottesmutter, dann hilf mir bitte schnell. Ich schaffe es nicht allein, ich verstehe nichts mehr; wenn es Dich gibt, lieber Gott, dann hilf mir!"

7. Nach meiner Bekehrung zum katholischen Glauben nahm mir Jesus die Furcht vor meiner Hinrichtung

Schwester Briege Mc Kenna aus Irland hielt einen Vortrag in Wigratzbad (Süddeutschland), wo sie Folgendes berichtete: „Pater Kevin und ich waren in der Diözese Singapur eingeladen, um Exerzitien zu halten. Während der Exerzitien kam der Erzbischof von Singapur zu mir und sagte: ‚Schwester Briege, ich habe eine ganz ungewöhnliche Bitte. Heute bekam ich einen Anruf des Gefängnisleiters. Da ist ein junger Mann in der Todeszelle und möchte Sie sprechen. Sicherlich werden Sie keine Erlaubnis bekommen, ihn im Gefängnis zu besuchen, aber Sie können mit ihm telefonieren.' Der Gefängnisdirektor ermöglichte dann ein Telefongespräch mit dem Gefangenen. Sein Name war Melvin, er war ein 23-jähriger chinesischer Malaye und studierte. Am Telefon sagte er mir: ‚Schwester Briege, ich wurde zum Tode verurteilt, ich bin aber kein Krimineller, ich habe für jemand Drogen geschmuggelt und ich werde exekutiert werden, ich bin ganz verzweifelt. Ich habe gehört, dass Sie Wunder wirken können. Würden Sie bitte ein Wunder für mich wirken!' Noch nie wurde ich gebeten ein Wunder zu wirken. Ich fragte ihn, was ich für ein Wunder wirken solle. Er sagte: ‚Kannst du es dem Gouverneur in den Kopf setzen, dass er mir Amnestie gewährt.' Ich sagte: ‚Melvin, ich kann keine Wunder wirken. Ich kann nur zu Jesus beten.' Darauf antwortete Melvin: ‚Ich kenne Jesus nicht, ich bin ein Heide.' Ich sagte ihm: ‚Aber ich bin keine Heidin, ich glaube an Jesus und ich bete zu ihm.' Er war sehr entmutigt und verzweifelt. Er sagte: ‚Schwester, kannst du es nicht das eine Mal versuchen!' Er war wirklich sehr enttäuscht und sagte: ‚Ich habe so große Angst!' Darauf erwiderte ich ihm: ‚Melvin, bleib ganz ruhig! Ich verspreche dir, dass ich für dich beten werde.' Er antwortete: ‚Ich möchte einfach nur leben.' Dann wurde das Gespräch unterbrochen. Ich hatte seine Adresse und schickte ihm die Bibel, ein Buch, das ich selbst geschrieben habe, und andere religiöse Gegenstände. Ich betete sehr oft den Barmherzigkeitsrosenkranz für ihn, ich betete weniger darum, dass er aus dem Gefängnis käme, sondern dass Jesus sich ihm offenbaren möge. Etwa sechs Monate, nachdem ich ihm diese Dinge geschickt hatte, bedankte er sich dafür und sagte, dass auch die anderen Freunde die Bibel gelesen haben und dass sie alle letzte Woche hingerichtet wurden. Ich betete weiter für Melvin. Am 11. Juni bekam ich einen Brief aus dem Gefängnis. Er schrieb: ‚Liebe Schwester Briege, erinnerst du dich an mich, ich bin Melvin der verurteilte Gefangene. Es ist der 7. Juni und am 9. Juni werde ich exekutiert werden. Ich habe eine gute Nachricht für dich, ich bin getauft worden. Ich habe die erste hl. Kommunion empfangen und bin gefirmt worden. Ich weiß, Jesus wartet auf mich und er hat mir gesagt, wie sehr er mich liebt. Meine Familie wird bei der Exekution dabei sein, meine Mutter hat ein zerbrochenes Herz. Bitte schreiben Sie ihr, dass ich keine Angst habe, und erklären Sie ihr, dass ich in den Himmel zu Jesus gehen werde.' Melvin wurde hingerichtet. Etwa sechs Monate später waren wir wieder in Singapur. Eine Ordensschwester berichtete: ‚Melvin war vollkommen verwandelt. Vor der Exekution hatte er die hl. Kommunion empfangen. Er ging zu seiner Familie und sagte seinen Angehörigen: Habt keine Angst, ich bin voller Freude! Nach der Hinrichtung ging die ganze Familie, die alle Heiden waren, zum Erzbischof von Singapur und baten, alles, was unser Sohn und Bruder hatte, das möchten wir auch haben. Alle wurden im katholischen Glauben unterrichtet und getauft.‘

Die wichtigste Mission Jesu ist, uns in den Himmel zu führen. Wir wissen, dass wir eines Tages alle sterben werden. Es war wahrscheinlich der Wille Gottes, dass Melvin auf diese Weise seine ganze Familie zu Gott bringen konnte. Jesus wollte, dass Melvin die Liebe Jesu kennenlernt.“

8. Eine Bordellbesitzerin und ihre dreißig Mitarbeiterinnen finden nach einer außergewöhnlichen Heilung den Weg in die katholische Kirche

Beim gleichen Vortrag in Wigratzbad berichtete Schwester Briege auch über den bekannten Charismatiker Emilio Tardif. Ich selbst durfte ihn in Frankfurt am Main erleben und mich davon überzeugen, wie Dutzende von Menschen zum Altar des Frankfurter Domes kamen, nachdem Pater Tardif seine Heilungsgebete gesprochen hatte und dort von ihrer plötzlichen Heilung ihrer Krankheiten sprachen. Durch Tardifs demütiges Gebet geschahen unfassbare Heilungen an Leib und Seele. Bei Großveranstaltungen des Charismatikers in Fußballstadien konnten Zehntausende Menschen erleben, wie nach Tardifs Heilungsgebet Lahme aus ihren Rollstühlen aufstanden und ohne fremde Hilfe zu ihm liefen, um ihrer Heilung zu bezeugen.

Schwester Briege schilderte: „Ungefähr eine Woche später, nachdem P. Tardif einen Heilungsgottesdienst in einem großen Stadion gehalten hatte, kam eine Frau in das Pfarrhaus und sagte, dass sie bei dem Heilungsgottesdienst geheilt wurde. Die Frau berichtete: ‚Ich bin eine Prostituierte, ich habe ein Bordell hier in der Stadt, ein ganz schlechtes Haus, und ich hatte eine sehr schwere Krebserkrankung. Ich sah überall die Einladungen zu dem Heilungsgottesdienst. Als ich zu dem Stadion kam, habe ich mich geschämt, hineinzugehen. Ich war im Gefängnis und hatte schreckliche Dinge in meinem Leben begangen. Ich fühlte mich so unrein und blieb deshalb außerhalb des Stadions, denn ich hatte Angst, dass mich jemand erkennen würde, außerdem hatte ich furchtbare Schmerzen. In dem Moment, als Schwester Briege und Pater Tardif einer Frau die Hände auf den Kopf legten und über sie beteten, spürte ich zwei Hände über meinem Kopf und eine Kraft floss durch meinen Körper. Plötzlich waren meine schrecklichen Schmerzen weg. Ich ging zum Arzt. Dieser stellte meine Heilung fest.

Dann ging sie zu einem Geistlichen: ‚Ich habe eine große Bitte: Dreißig Frauen draußen, die alle als Prostituierte arbeiten, wollen beichten. Wir möchten unser Leben ändern, wir möchten unser Haus verändern und daraus ein Gebetshaus für Jesus einrichten.

Durch die Heilung der Bordellbesitzerin führte Gott so dreißig Prostituierte zum katholischen Glauben zurück."

9. Mein schwerer Kampf von der Esoterik zum katholischen Glauben

Margarete Armstorfer berichtet in ihrer Autobiografie, wie leichtgläubig sie in die Fänge der Esoterik gelangte: „Ich erkannte damals nicht die Gefahr, in die ich mich begeben hatte, welchem Geist ich mich geöffnet hatte. Denn alles war dort harmonisch, schön und in Liebe gemacht. Die Falle ist sicherlich die, dass auf diesem Gebiet alles vermischt wird: Esoterik und Glaube, Gott und Drogen, deshalb können es auch viele Menschen voneinander nicht trennen und schlittern ahnungslos hinein. Es sind zwei gewaltige Gegensätze, die hier aufeinander prallen. Hier will ich klar und deutlich sagen: Wer sich als Christ bekennt und gleichzeitig die Praktiken der Esoterik anwendet, begeht eine schwere Sünde."

Die ehemalige Reiki-Meisterin geht auf den gefährlichen Zeitgeist ein und stellt fest: „Als Vollblut-Esoteriker oder registrierte Hexe wird man toleriert und bewundert, aber man muss sehr vorsichtig sein, dass man nicht zu tief im Glauben steht, denn das kann gefährlich werden; zu schnell könnte man da für übergeschnappt oder gar für verrückt erklärt werden. Die Leute fanden es toll, dass ich Reiki-Meisterin bin."

Die Rückkehr zu ihrem früheren katholischen Glauben wird zu einem dramatischen Überlebenskampf. Armstorfer schildert: „Es war der Geist, der Dämon, dem ich mich bei meiner Einweihung ins Reiki geöffnet hatte; ich habe ihm selber freien Zutritt in mein Leben gegeben und so konnte er mich auch vollständig in Besitz nehmen. Dieser unreine

Geist hat mich also besessen." Sie schreibt über ihre Bekehrungsversuche: „Manchmal war ich wie gelähmt und fand keine Antwort, die ich geben konnte. Vielleicht hätte ich doch weitermachen sollen? Dieser ständige Zweifel in mir wollte mich fertig machen. Ich hatte das Gefühl, als würde mich einer nach links und der andere nach rechts ziehen. Es war ganz furchtbar und grausam und ich möchte diesen Zustand niemanden wünschen, ich kann ihn auch mit Worten nicht beschreiben." Im Marienwallfahrtsort Medjugorje erfährt sie Hilfe und Heilung. Sie berichtet: „Bei diesem ersten christlichen Fasten in Medjugorje wurde ein Schleier von meinen Augen weggenommen und das öffnete mir den Blick auf Jesus. Ich erkannte die Welt, in der ich lebte, als eine große verlassene Wüstenlandschaft, ein Jammertal, das nach Erlösung ruft und aus dem ich so schnell als nur möglich hinauswollte." Dann erkennt sie die große Bedeutung der Gottesmutter: „In diesen Tagen kam die Muttergottes in mein Inneres. In Medjugorje lernte ich sie richtig kennen. Mir wurde bewusst: Ich habe da eine Mutter gefunden, die immer für mich sorgen wird und immer für mich da sein wird zu jeder Zeit. Nun durfte auch ich diesen heiligen Boden spüren, von dem so viele sprachen. Ich wusste auch genau: Nun habe ich endlich jemanden gefunden, der mich in meinen Angriffen beschützen wird, ich werde nie mehr allein sein in der Dunkelheit der Nächte. Jesus gab mir seine Mutter."

Doch der Kampf geht weiter, wie sie berichtet: „Im folgenden Jahr hatte ich mit vielen Angriffen böser Geister zu kämpfen, aber ich war nicht mehr allein, denn das hätte ich auch sicher alleine nicht geschafft. So wie mir die Muttergottes nahe war, so war mir auch ständig der Versucher nahe."

Schließlich erlebt sie den Sieg über alle Anfechtungen und einen großen Frieden in ihrem Herzen. Sie versichert: „In der Stille meines Herzens wirkte die Gottesmutter, dort nahm sie mir jegliche Angst weg und half mir, den Frieden in der Tiefe meines Herzens zu finden. Ich fühlte mich bei ihr unendlich geborgen und manchmal wie mit einem Schutzmantel von ihr umhüllt."

Um die Gnade ihrer Bekehrung fleht sie in einem Gebet, als sie am Ende ihrer Kräfte ist: „In meiner großen Verzweiflung und Hilflosigkeit, meiner Angst und Not schrie ich laut nach Gott: ‚Wo bist Du, Herr, wenn es Dich gibt? Ich suche Dich und will Dich finden. Ich habe Dir doch mein ganzes Leben übergeben, nun zeig Dich mir, bitte komm doch endlich in mein Leben und hilf mir aus dieser Dunkelheit, denn Du siehst, ich kann nicht mehr, ich bin schwach und hilflos wie ein kleines Kind, am Ende meiner Kräfte.' – Und da geschah es: Da kam Gott in mein Leben. Er füllte diese Leere in mir, erst kam Wärme in meinen Körper, dann spürte ich Liebe, die ich nicht beschreiben kann, denn kein Mensch auf Erden könnte jemals so eine Liebe geben; sie floss direkt in mein Herz und füllte es. Dann zog noch ein tiefer Friede in mich ein, den auch die Welt nicht geben konnte. Ich war wie verwandelt, aber ganz ruhig und ohne Angst. Heute weiß ich, dies war das große Gnadengeschenk meiner Bekehrung. Ja, dies war meine Begegnung mit dem lebendigen Gott; Er kam spürbar in mein Leben. Von diesem Augenblick an war auch die ganze Reiki-Kraft vollkommen von mir weggenommen und ich konnte mich seit dieser Zeit weder an ein Symbol noch an ein Mantra erinnern; alles wurde ausgelöscht. Ich erlebte Heilung und Befreiung. Dafür darf ich seit dieser Zeit eine ganz andere Kraft in mir spüren, die mich belebt und mit einer unendlichen Liebe erfüllt, und einen tiefen Frieden, einer großen Gelassenheit, Zufriedenheit und Dankbarkeit. Preis sei Gott!"

(Quelle: Margarete Armstorfer, Der Weg meiner Bekehrung, Mediatrix Verlag).

10. Der katholische Glaube rettete mich vor Wahnvorstellungen

John Pridmore verbringt eine glückliche Kindheit, bis er mit elf Jahren die Scheidung seiner Eltern miterleben muss. Sie wirft ihn aus seiner geordneten Bahn und er leider sehr schwer unter ihr. Er sucht nach einer Lösung für seine Probleme und beginnt mit kleineren Straftaten. Bald werden größere Gangster auf den Jungen aufmerksam und John ist auf dem besten Weg, eine Verbrecherlaufbahn einzuschlagen. Mit brutaler Gewalt setzt er seine Ziele durch. Immer tiefer gleitet er in den Sumpf von Gewalt, Drogen und Sex ab. Er wird zu einem gefragten Türsteher in einem bekannten Londoner Lokal und als Rausschmeißer in einem Nachtclub erlebt er die Grenzen seiner Verbrechertätigkeit. Mit äußerster Brutalität und mit einem Schlagring bewaffnet, verletzt er einen Gast so heftig am Kopf, dass dieser blutüberströmt auf das Pflaster fällt und das Bewusstsein verliert. Nach diesem Vorfall flüchtet John und grübelt über sein Leben nach. Er berichtet: „Als ich in meiner Wohnung ankam, fragte ich mich, was ich tun sollte. Allmählich dämmerte mir, dass ich noch nie glücklich gewesen war. Hier war ich, siebenundzwanzig Jahre alt, hatte einen Haufen Geld, einen immerwährenden Nachschub an Frauen und einen Ruf als „harter Mann", der Respekt forderte. Warum also war ich nicht glücklich? Was fehlte in meinem Leben? Ich fragte mich, ob der Verfolgungswahn, den ich von den Drogen manchmal hatte, ewig bleiben würde. Alles Böse, das ich getan hatte, kam mir ständig in den Sinn. Ich sah mich, wie ich wirklich war, ohne Maske von Macht, Ruf und Geld. Es war, wie wenn mir jemand einen Spiegel vorhielt – aber einen Spiegel, der das Innere zeigte, nicht das Äußere. Der Lebensstil meiner Kollegen begann mich abzustoßen, weil sie mich an mich selbst erinnerten."

Seinen Zustand beschreibt John einige Zeit später so: „Ich saß allein da und dachte über mein Leben nach, das ein einziger Scherbenhaufen war. Ich fühlte mich sehr niedergeschlagen und leer. Es war etwa 21 Uhr. Dann hörte ich etwas, was ich nur als Stimme beschreiben kann. Sie zählte mir die schlimmsten Dinge auf, die ich je getan hatte. Das muss der Fernseher sein, dachte ich, und zappte zum nächsten Sender. Die Stimme war immer noch da. Ich schaltete den Fernseher aus. Was war los? Wurde ich wahnsinnig? Es war die Stimme Gottes, mein Gewissen. Mir stockte der Atem. Es war, als würde ich sterben, und eine unglaubliche Angst ergriff mich. Ich komme in die Hölle, dachte ich. Ich fiel auf die Knie und Tränen stiegen mir in die Augen. ‚Gib mir noch eine Chance!', weinte ich. Plötzlich hatte ich das Gefühl, als ob jemand seine Hände auf meine Schultern legen und mich aufrichten würde. Eine unglaubliche Wärme durchflutete mich und die Angst verflog augenblicklich. In diesem Moment wusste ich, dass Gott existiert. Dann tat ich etwas, was ich zuvor noch nie getan hatte: Ich betete. ‚Gott, bis heute habe ich in meinem Leben immer nur von dir genommen, aber jetzt möchte ich geben.' Da wurde ich von etwas, was ich nur als wahnsinniges Gefühl der Liebe beschreiben kann, verzehrt. Das ist der unglaublichste Rausch, den ich je erlebt habe, dachte ich. Es dauerte kaum mehr als eine Minute. Dann wusste ich zum ersten Mal in meinem Leben, dass Gott mich liebt. Bis dahin hatte ich immer geglaubt, ich sei wertlos und es sei egal, ob ich lebend oder tot sei."

John, der einst katholisch getauft worden war, möchte nun wieder zu diesem Glauben zurückkehren. Mit großer Angst und Überwindung betritt er zum ersten Mal in seinem Leben den Beichtstuhl. Über seinen Zustand danach sagt er: „Als ich aus dem Beichtstuhl herauskam, empfand ich eine unbeschreibliche Freude. Ich betete das Vaterunser. Ich sprach die Worte langsam und ihre Bedeutung traf mich wirklich. Ich begriff, dass Gott mein Vater war, und ich fühlte mich wie der verlorene Sohn, der zu ihm zurückkehrt. Beim Verlassen der Kathedrale hätte ich um den ganzen Platz herum tanzen können." Über den Empfang der hl. Kommunion findet John kaum Worte, um diesen Zustand zu beschreiben: „Als die hl. Kommunion kam, kniete ich automatisch nieder. Beim Zurückgehen an meinen Platz erlebte ich ein unglaubliches Gefühl. Es fühlte sich eine Million Mal besser an als jede Freude, die ich je erlebt hatte. Da wusste ich, dass Jesus im Allerheiligsten

Sakrament des Altares real war. Außerdem verschwanden all meine Vorbehalte gegenüber der katholischen Kirche. Ich wusste, dass sie die Kirche war, die Christus auf den Aposteln gegründet hatte, und dass sie die Kirche war, wo Jesus Christus wirklich gegenwärtig ist." John hatte ein verpfuschtes Leben hinter sich, aber er fand Frieden, Freude und Vergebung in seinem verlorenen Glauben wieder. **(John Pridmore, Ein Gangster findet Gott, Miriam Verlag).**

11. Der katholische Glaube führt einen fünffachen Brandstifter zum Priestertum

Benny hatte mit 14 Jahren den Eindruck, alles zu verlieren, als sein Vater starb. Von da an verließ er das Elternhaus, nahm Drogen und wurde alkoholkrank. In Dänemark steckte er fünf Hotels in Brand. Er wurde zu Einzelhaft verurteilt und lebte wie ein „wildes Tier" in einem Käfig. Seine katholische Mutter betete täglich für ihn. Alle anderen Angehörigen der Familie schämten sich seiner so sehr, dass sie ihm den Tod wünschten. Eines Tages traf die Mutter einen Priester und erzählte ihm von dem erbärmlichen Zustand ihres Sohnes. Dieser Priester besuchte Benny und betete mit ihm. Er streckte seine Hände durch die Gitterstäbe. Ein Wärter saß neben ihm, denn Benny durfte nicht allein gelassen werden, weil er in hohem Maße suizidgefährdet war. Während des Gebetes schlief Benny ein. Als er erwachte, hatte er das große Bedürfnis zu beichten. Inzwischen war Benny 26 Jahre alt und hatte seit dem Tod seines Vaters nicht mehr gebeichtet. Jetzt machte er bei der Beichte die Erfahrung der wunderbaren Barmherzigkeit Gottes. In seiner Zelle verbrachte er von nun an die Zeit damit, die Bibel zu lesen und Jesus besser kennenzulernen. Nach seiner Entlassung aus dem Gefängnis besuchte er ein katholisches Gotteshaus und verweilte lange vor dem Tabernakel. Plötzlich hörte er eine Stimme, die ihm sagte: „Benny, ich will, dass du Priester wirst!" Er nahm diesen Anruf ernst, studierte Theologie und wurde zum Priester geweiht. Als Erstes führte er in seiner Gemeinde die eucharistische Anbetung und das Abendprogramm von Medjugorje ein, wozu auch Protestanten kommen um mitzubeten.

(Maria heute, Parvis Verlag, Oktober 2007).

12. Nach Reinkarnation und Esoterik fand ich den Weg zum katholischen Glauben und zu meinem Glück

Ganz offen berichtet meine Gesprächspartnerin über ihr bewegendes Leben: „Meine Eltern haben mich im katholischen Glauben erzogen. Doch ich habe mir kaum Gedanken darüber gemacht und war nie dankbar dafür. Bald traten große Veränderungen in meinem Leben ein. Es begann die Zeit des Studiums. Ich lernte neue Kreise und neue Freunde kennen. Alles schien faszinierend. Ich fühlte mich besser als die Leute, die einer gewöhnlichen Arbeit nachgingen. Mir gefiel das Leben an der Universität. Meine einfachen Eltern verstanden diese neue Einstellung nicht, aber mir machte das Spaß. Meine innere Unruhe versuchte ich mit tausenderlei Aktivitäten zu überdecken. Ich reiste in viele Länder, besuchte Sportclubs, sang in verschiedenen Chören, war in vielen Discos. Das Studium selbst war für mich zweitrangig geworden. Bis spät in die Nacht zog ich mit Gleichgesinnten umher, froh, die Eltern nicht zu sehen, mit denen ich früher noch sonntags zur heiligen Messe gegangen war. Das hatte ich aufgegeben. Jetzt konnte ich tun, was ich wollte, und musste nicht mehr gehorchen. Doch es war ein Teufelskreis, in den ich mich begab. Meine Augen wurden mit jedem Tag blinder für den Sinn der heiligen Messe. Und je mehr ich Jesus mein Herz verschloss, umso mehr Gewalt gewann der Teufel. Es begann die schwerste Zeit meines Lebens. Schließlich wurde meine Mutter krank. Ständig stritten wir uns, es gab viele Tränen. Es brach meiner Mutter fast das Herz, als sie hörte, dass ich in eine Kommune ziehen wollte. Inzwischen hatte ich auch begonnen, mich für die Esoterik zu interessieren. Ich las viele Bücher darüber. Die Diskothek wurde zu meinem nächtlichen Ritual. Heute möchte ich alle warnen, die oft dorthin gehen! Besonders die Rockmusik lässt Menschen sich gebärden wie Tiere, weil viele Gruppen sich dem Okkultismus verschrieben haben! Über die Esoterik fand ich schließlich zur Lektüre magischer Bücher. Ich kreiste irgendwie nur noch um mich selbst. Für ein Jahr besuchte ich einen Reinkarnationskurs, von dem ich heute sagen kann, dass er die Teilnehmer zum Stolz verführt. Bei allem Suchen wünschte ich mir in tiefsten Herzen aber nur eines: den wahren, inneren Frieden zu finden. Doch mein Fehler war, dass ich den katholischen Glauben für ein Linsengericht des ‚Mehr-scheinen-Wollens' verkauft hatte."

„Wie aber fanden Sie wieder zum Glauben?“, frage ich sie. Ihre Antwort: „Meine Mutter bot mir eine Reise nach Medjugorje an, doch ich wollte zunächst nicht dorthin. Merkwürdigerweise drängte sich mir ein Gedanke auf, den ich mehr und mehr zu verwirklichen suchte: Ich wollte das Esoterische mit dem Katholischen verbinden. Deswegen entschloss ich mich, doch noch mit einem Busunternehmen für sieben Tage nach Medjugorje zu fahren.“

Ich frage die junge Frau weiter, ob sie dort ein besonderes Erlebnis hatte, worauf sie erwidert: „Ich kann es nicht mit Worten ausdrücken, was dort geschehen ist. Es war wie bei einer unheilbaren Krankheit, die plötzlich geheilt wird. Wir sehen ein Vorher und ein Nachher, aber was dazwischen liegt, ist so feingliedrig, so ineinander geschaltet, dass es nur ein fachkundiger Arzt erklären kann. Der Mensch kann nur noch staunen. Der Arzt ist in diesem Fall Jesus. Und seine Mutter Maria, so empfinde ich es, ist eine unendlich liebe Krankenschwester. Das alles habe ich erst nach meinem Aufenthalt in Medjugorje erkannt, dort war ich sozusagen noch ‚bewusstlos‘. Jetzt bete ich, das ich alles, was Gott mir schenkt, bis zu meinem Tod nicht mehr vergesse und dafür dankbar bleibe. Damals wurde ich wie von einer unsichtbaren Macht zur Beichte geführt und empfing die hl. Kommunion. Ich bat die Gottesmutter, sie möge mir ihre Demut leihen. Ich bekam die Kraft, mit meinem bisherigen Leben zu brechen und in Christus wiedergeboren zu werden. Es war ein harter Kampf, aber viele halfen mir dabei.“

Und wie denkt sie heute über das Leben? „Maria führt uns auf den leichten Weg zu Jesus. Sie muss zum Zentrum unseres Lebens werden, dann hat man Gott als Zentrum. Jeder

Tag ist ein neues Geschenk, um das zu verwirklichen. Wenn wir versuchen, Gott immer mehr zu lieben, dann werden wir im Leben mit allem glücklicher und zufriedener sein. Wir müssen jeden Tag versuchen, auch wenn es uns schwerfällt, nichts für uns selbst zu behalten, sondern alles den anderen, den nach Frieden Hungernden, zu geben. Je mehr wir das tun, umso mehr Friede wird sein. Das geht nur, wenn wir jeden Tag beten, auch den Rosenkranz. Für mich ist die Erkenntnis wichtig: Die Liebe kann nicht sterben. Auch wenn unsere Freunde schon heimgegangen sind, bleibt doch die Liebe zwischen uns. Das bedeutet, wir sollten mehr zu unseren Verstorbenen beten, denn sie helfen ganz sicher! Wir sollten aber auch für die Menschen beten, die nicht glauben können, denn sie haben das Gebet sehr nötig. Es ist auch wichtig, dass wir uns jeden Tag der Gottesmutter anvertrauen, und die Zeitströmungen sehr genau prüfen."

13. Von den Zeugen Jehovas zum katholischen Glauben

In einem langen Gespräch schildert mir ein junger Mann die Höhen und Tiefen seines Lebens: „Meine Eltern erzogen mich in der Lehre der Zeugen Jehovas. Schon als Kind lernte ich die Furcht vor einem schrecklich strafenden Gott kennen, der Schlimmes über die Menschen bringt, wenn sie ihm nicht wie Marionetten gehorchen. In meinem Elternhaus und bei Zusammenkünften der Zeugen Jehovas hörte ich immer wieder die Zeugen-Jehova-Auslegung der Stellen aus dem Alten Testament, in denen Jehova die Menschen wegen ihres Ungehorsams bestraft, oder Stellen aus der Apokalypse, in der schreckliche Katastrophen angekündigt werden. Zwar war auch immer von einem liebenden Gott die Rede, aber das erschien mir als Phrase angesichts der Schrecklichkeit, mit der Jehova geschildert wurde, und des Umstands, dass nur ein paar Zeugen Jehovas das himmlische Paradies erlangen sollten. So stand ich unter einem gewaltigen Druck und ich hatte keine Chance, mich der regelmäßigen Gehirnwäsche zu entziehen. Jeder Kontakt mit der Welt, das heißt jedwede Vergnügungen waren streng verboten, denn sie zogen das Strafgericht Gottes nach sich. Ich hatte schreckliche Angst und wartete nur noch auf meinen 18. Geburtstag, um selbstständig zu werden. Doch leider konnte ich wegen Wohnraummangels nicht aus meinem Elternhaus ausziehen. Und ich merkte auch, dass ich die Prägung durch die Zeugen Jehovas nicht abschütteln konnte. Dabei war ich immer auf der Suche nach Freude, Liebe, Geborgenheit, Glück und Frieden. Ich befand mich in einem Zwiespalt, weil ich die Gebote und Verbote nicht vergessen konnte. Der innere Druck blieb. Es gab zwar Menschen, die meine Not erkannten und ihre Hilfe anboten, aber niemand vermochte meine inneren Wunden zu heilen. Ich lebte in Unfrieden mit mir und meinen Eltern. Schließlich benötigte ich psychotherapeutische Behandlung. Doch sie brachte nur vorübergehend Erfolg. Schon bald war ich wieder in der gleichen Situation wie zuvor. Ich hatte einen ausgezeichneten Psychiater, der Chefarzt einer Klinik war. Doch nach drei Jahren Behandlung gestand er mir, dass er mit seinen Möglichkeiten am Ende sei, weil sich die Konflikte bei mir nicht lösten. Damals hatte ich schwere Depressionen und Selbstmordgedanken."

Und wie hat er es geschafft, diesem Teufelskreis zu entrinnen? – „Jemand schenkte mir ein Buch über positives Denken. Der Autor war christlich orientiert und schilderte Heilungen durch den Glauben. Für mich war das Buch ein Hoffnungsschimmer. Es führte mich zur Lektüre der Bibel. Jetzt suchte ich christliche Gemeinschaften auf, um die Gegenwart Christi zu erfahren. So besuchte ich gelegentlich einen evangelischen Gottesdienst. Ich fand dort nur einen Teil von dem, was ich suchte. Eines Tages entdeckte ich einen Prospekt über ein Buch, das von den Erscheinungen in Medjugorje berichtete. Sofort bestellte ich das Buch. Beim Lesen des Buches spürte ich einen starken Drang, dorthin zu fahren. Etwa acht Wochen später besuchte ich diesen Ort. Hier fand ich Menschen, die sich mit großer Liebe meiner annahmen. Nach und nach fühlte ich mich hier geborgen und fand einen tiefen Herzensfrieden. Es war etwas Besonderes an diesem Ort zu spüren, ich fühlte die Nähe Gottes und manchmal auch die Nähe der Mutter Jesu."

„Hat der Erscheinungsort Medjugorje zu Ihrer Konversion beigetragen?", frage ich: Seine Antwort: „Ganz wesentlich. Ich erlebte viele Menschen, die mich durch ihren festen Glauben stark beeindruckten. Die Liebe, die mir die Menschen hier entgegenbrachten, schöpften sie nach meiner Überzeugung aus ihrem Glauben. Das war genau das, wonach ich mein Leben lang gesucht hatte. In Medjugorje bekam ich endlich die Antwort auf meine Fragen in bezug auf die Bibel. In mir erwachte der Wunsch, getauft zu werden, um Gott näherzukommen. Bald nahm ich daher

Konvertiten-Unterricht zur Aufnahme in die katholische Kirche. In einer Osternacht wurde ich dann im Beisein der ganzen Pfarrgemeinde getauft und gefirmt."

Als ich ihn nach seinem neu gewonnenen Glauben frage, antwortet der Konvertit: „Für mich bedeutet der katholische Glaube ein großes Geschenk und eine unverdiente Gnade. Ich empfinde eine große Dankbarkeit für dieses Gnadengeschenk. Ich versuche, die Botschaften der Muttergottes, die sie uns in Medjugorje gegeben hat, auch zu leben. Mehrmals in der Woche besuche ich den Gottesdienst. Das Rosenkranzgebet bedeutet mir heute sehr viel, weil ich dabei Ruhe und Frieden finde. Durch dieses Gebet spüre ich die Gnade, die Gott mir durch Maria schenkt. Wenn ich jetzt Probleme habe, so bete ich und die Schwierigkeiten lösen sich auf. Ich bin glücklich, dass ich den Weg nach Medjugorje gefunden habe und dadurch katholisch werden durfte. Zurückblickend kann ich sagen, dass ich mein Leben bereits aufgegeben hatte, und für mich persönlich Medjugorje die letzte Rettung war. ‚Gott ist die Liebe', sagt mir jetzt mein Herz. Ich möchte mich mit aller Kraft dafür einsetzen, damit auch die anderen Menschen die Liebe Gottes erfahren."

14. Gott führte mich aus einer Scheinwelt zum katholischen Glauben

Einen ausführlichen Bericht gab mir Anna von ihrem bewegten Leben: „Ich bin in einer katholischen Familie aufgewachsen und zu den Sakramenten geführt worden. Regelmäßig gingen wir sonntags in die Kirche. Meine Mutter betete mit uns Kindern abends und auch beim Essen. Ich hatte eine schöne Kindheit und immer das Gefühl, geliebt zu sein. Mit sechzehn Jahren fing ich an zu rauchen, auf Partys zu gehen und mehr Alkohol zu trinken. Immer wieder hatte ich einen neuen Freund. Mein Leben wurde nach und nach unglücklicher und bald konnte ich mich selbst nicht mehr leiden. Trotzdem lebte ich in dem Bewusstsein, ein gutes Leben zu führen, da ich ja an Gott glaubte, betete, zur heiligen Messe ging und nicht ganz so schlimm war wie meine Freundinnen. Ich ließ mich auch in eine sehr unglückliche Beziehung mit einem Jungen ein, in der wir total in der Unkeuschheit lebten. Als die Beziehung scheiterte, sah ich in meinem Leben keinen Sinn mehr. Ich war danach so verletzt und enttäuscht, dass ich eine Mauer um mich herum errichtete. Ich wollte niemand mehr an mich heranlassen aus Angst, wieder verletzt und ausgenutzt zu werden. In meiner Not ging ich zu einem Priester und hatte ein sehr gutes Beichtgespräch. Als er mir die Lossprechung von all meinen Sünden gab, wurde mir bewusst, dass Jesus Barmherzigkeit und Liebe bedeutet, dass er mich in der Beichte mit seinem Blut von allen Sünden reinigt und ich ihm vollkommen vertrauen kann. Immer mehr wurde mir bewusst, dass Jesus mich wirklich liebt, und zwar so, wie ich bin. Zum ersten Mal erfuhr ich Ihn als meinen persönlichen Retter und als guten Hirten, der seine Schafe verlässt, um das verlorene Schaf zu suchen. Pilgerreisen zu bedeutenden Wallfahrtsorten trugen wesentlich zu meiner weiteren Bekehrung bei. Heute kann ich sagen, dass ich meine Eltern und Geschwister liebe. Und ich bin sicher, wenn meine Eltern nicht so viel für mich gebetet hätten, hätte ich mich wahrscheinlich nie bekehrt. Früher dachte ich, dass ich etwas verpasse oder mir etwas genommen wird, wenn ich mich für den Glauben entscheide. Aber genau das Gegenteil ist der Fall. Mit jeder Sache, die ich loslasse, bekomme ich eine größere Freude und mehr Frieden. Je mehr ich mich auf Gott einlasse, desto reicher wird er mich beschenken. Nun kann ich sagen, dass ich sehr dankbar bin, weil die Gottesmutter so hart um mich gekämpft hat. Jetzt weiß ich, dass sie mich an der Hand nimmt und Schritt für Schritt näher zu ihrem Sohn Jesus führt."

15. Ich wollte meine drei Kinder töten, doch mein wiedergefundener katholischer Glaube bewahrte mich davor

Ein erschütterndes Interview führte ich mit einer Mutter, die alle Höhen und Tiefen des Lebens kennengelernt hatte. Sie schilderte: „Ich hatte eine traurige Kindheit. Mein Vater war Alkoholiker und drangsalierte die ganze Familie. Er schlug uns alle. Ich bin katholisch und wuchs ohne Religion und ohne Gott auf. Bis zu meinem 17. Lebensjahr ging ich gelegentlich zum Gottesdienst. Als mein Vater starb, war ich sehr glücklich. Von jetzt an genoss ich mein Leben. Meine Mutter starb, als ich 22 Jahre alt war. Kurz danach lernte ich einen Mann kennen. Wir heirateten und bekamen drei Kinder. Die Ehe wurde für mich zur Hölle, weil mein Mann mich schlug, demütigte und mit einer anderen Frau betrog. Mit meinen drei Kindern fühlte ich mich von meinem Mann im Stich gelassen. Ich zweifelte am Sinn des Lebens und verfiel über zwei Jahre lang der Trunksucht. Ich war sogar nahe daran, meine Kinder umzubringen, weil ich meinen Mann, mich selbst und meine Kinder hasste. Ich hasste alles. Aus Hass schlug ich meine Kinder. Ich war eine schlechte Mutter und hatte große Schuldgefühle. Bald suchte ich Männerbekanntschaften. Meine Depressionen wurden immer schlimmer, sodass ich mich in psychotherapeutische Behandlung begeben musste, aber sie brachte keinen Erfolg. Schließlich bekam ich einen Nervenzusammenbruch. Ich konnte mit niemanden sprechen und musste nur noch weinen. Mein Bekannter, mit dem ich zusammenlebte, hatte es nur auf mein Geld abgesehen. Aber das merkte ich erst, als es zu spät war. Schließlich gab ich meine Kinder in ein Benediktinerinternat. Als ich sie nach drei Monaten wieder abholen wollte, weigerten sie sich mitzugehen. Sie wollten nicht mehr zu mir. Dann erlebte ich an Weihnachten mein absolut körperliches und seelisches Tief. Ich ging eines Nachmittags in der Weihnachtszeit in die Kirche, es war kein Gottesdienst, und betrachtete das Jesuskind in der Krippe. Von diesem Kind strömte plötzlich eine wohltuende Wärme auf mich ein. In diesem Moment dachte ich: „O Jesus, ich werde dich nie sehen, weil ich eine so große Sünderin bin."

Nach diesem Erlebnis beichtete ich, so gut ich konnte, doch ich stand dem religiösen Leben weiter fremd gegenüber und besuchte nur selten die Kirche. Ein Erlebnis veranlasste mich, mit meinem Bekannten Schluss zu machen. Danach fühlte ich mich etwas besser. Doch bald versagte ich in meinem Beruf. Hinzu kamen sehr starke Rückenschmerzen, sodass ich kaum mehr gehen konnte. Ich musste an der Bandscheibe operiert werden. Als es mir etwas besser ging, machte ich in der Nähe von Split Urlaub. Hier gab mir jemand ein Buch über Medjugorje. Ich wurde neugierig und fuhr dorthin. Der Abschied von dort fiel mir schwer."

„Gab es nach diesem Besuch in Medujorje eine positive Wende in Ihrem Leben?", fragte ich sie. Darauf erwiderte sie: „Irgendetwas zog mich zurück an diesen Ort. Bald war ich wieder in Medjugorje, beichtete dort und betete sehr intensiv. Nach der Beichte empfand ich eine große Freude und Erleichterung. Ich fühlte mich von einer großen Last befreit. In meinem Herzen spürte ich eine innige Liebe zu Gott und Maria. Ich begann regelmäßig zu beten, zu fasten und in der Hl. Schrift zu lesen. Alles war plötzlich so leicht und wunderbar. Diese glückliche Wende habe ich nur Medjugorje zu verdanken. Ich bin ganz fest davon überzeugt, dass mir die Gottesmutter an diesem Ort meinen inneren Frieden geschenkt hat."

Und sie ist überzeugt: „Wenn man betet, fastet, beichtet und zur heiligen Kommunion geht, öffnet man sich für Gott und empfängt seine Gnaden!"

16. Der katholische Glaube verhindert einen geplanten Selbstmord

Ein erschütterndes Interview gibt mir Sabino aus Turin. Er berichtet über sein früheres verpfuschtes Leben, das ihm fast den Tod eingebracht hätte. „Mein Verhältnis zu meinen Eltern war schlecht, es fehlte an Wärme und Geborgenheit, weshalb ich früh mein Elternhaus verließ. Bald danach machte ich erste Erfahrungen mit Drogen. Durch den Rauschgiftkonsum glaubte ich zunächst, eine neue ‚heile' Welt gefunden zu haben und konsumierte immer härtere Drogen. Schließlich nahm ich Heroin. Von meinem 18. bis zu meinem 26. Lebensjahr war ich heroinabhängig. Acht Jahre, in denen ich alles verloren habe: mein Elternhaus, meine Arbeitsstelle, meine Wohnung, mein Auto und meinen Glauben. Als ich erkannte, dass alles dahin war, sah ich keinen Sinn mehr in meinem Leben und wollte mich umbringen."

Als ich Sabino frage, wie er die Wende in seinem Leben geschafft habe, antwortet er mir:

„Bevor ich Hand an mich selber legte, kehrte ich zu meinem Vater zurück und bat ihn um Hilfe. Ich fühlte mich wie der verlorene Sohn im Evangelium, der sich in höchster Not an sein Elternhaus erinnerte. Mein Vater nannte mir eine Gemeinschaft, an die ich mich wenden sollte. So kam ich zu der ‚Comunita Cenacolo', die von der katholischen Schwester Elvira Petrozzi gegründet wurde. In dieser Gemeinschaft, die Drogensüchtige aufnimmt und ihnen hilft, wurde mir wieder bewusst, dass Gott existiert. Durch Schwester Elvira bekam ich Kraft zum Durchhalten. Ihre

Liebe zu den Drogensüchtigen ist sehr groß. Das Haus der Gemeinschaft am Gnadenort Medjugorje ist die Quelle und Ausgangspunkt für alle anderen Häuser, die die Gemeinschaft hat. Gemeinsam leben die Bewohner die Botschaften, die die Muttergottes gibt, und in Medjugorje halten sie auch Kontakt zu den Sehern der Muttergotteserscheinungen. Meine größten Fortschritte habe ich in Medjugorje gemacht. Hier empfing ich den inneren Frieden und lernte mich so zu akzeptieren, wie ich bin. Täglich bete ich heute zu Gott und bitte Maria, sie möge mich innerlich erneuern. Früher wollte ich mir nicht eingestehen, dass ich ein Sünder bin. Heute glaube ich an die Wahrheit des Evangeliums. Drogen zerstören das Leben. Aber hier in Medjugorje zeigt Maria den Weg aus der Abhängigkeit."

„Also hat dir die Muttergottes geholfen, dich aus dem Drogensumpf zu befreien?" – „Ja sicherlich!", beteuert Sabino. „Durch sie erkannte ich die Bedeutung des christlichen Lebens, empfand Abscheu vor der Sünde und habe ein reines Gewissen bekommen. Ich gehe nun regelmäßig zur Beichte. Sie macht mich frei und gibt mir Kraft, wieder neu zu beginnen. Ja, bin fest davon überzeugt, dass Maria mich liebt, und kann heute Jesus in meinen Mitmenschen sehen, besonders in den Armen und Notleidenden, denen ich gerne helfen möchte."

Als ich mich nach seinem Befinden erkundige, antwortet Sabino: „Ich fühle mich lebendig; ich war fast tot und nun lebe ich wieder. Darüber bin ich sehr glücklich."

In der Tat macht Sabino einen zufriedenen und glücklichen Eindruck. Nichts erinnert mich daran, dass mein Gesprächspartner mehr als acht Jahre von Heroin abhängig war. Der katholische Glaube rettete ein verpfuschtes Leben vor dem sicheren Tode.

17. Ich wurde vom Wahnsinn und Selbstmordgedanken durch meinen wiedergefundenen katholischen Glauben gerettet

Die Französin Emmanuelle hatte ihre eigenen Vorstellungen vom Glauben. Im Alter von 17 Jahren beschloss sie, ihre Zukunft selbst in die Hand zu nehmen. Es wäre besser für sie, dachte Emmanuelle, die Entscheidungen für ihr Leben selbst zu treffen und alleine zu entscheiden, welche Richtung sie einschlagen sollte, denn wenn sie Gott erlauben würde, sich darum zu kümmern, würde ihr Leben zum Kreuzweg werden. Dann würde sie, glaubte Emmanuelle, direkt in die Depression schlittern. Sie nahm also ihr Leben selbst in die Hand. Bald besuchte sie in Indien einen Guru, der nicht nur ihr bisheriges Leben aus einer uralten Schrift genau herauslesen konnte, sondern der auch die wichtigsten Ereignisse ihres zukünftigen Lebens vorherzusagen vermochte. Emmanuelle hatte freilich keine Ahnung, dass sie unter dem teuflischen Einfluss eines Wahrsagers stand. Die ganze Inszenierung mit dem alten Buch war der verlogene Deckmantel seiner hellseherischen Macht. Der Guru sprach über ihre Zukunft und darüber, dass ihr ganzes Leben von den Sternen abhinge. Ihr wurde schnell bewusst, dass die Aussagen über ihre Zukunft sehr genau zutrafen. Dieses Wissen um die zukünftigen Ereignisse in ihrem Leben stürzten sie in Verzweiflung, Depressionen, Hassausbrüche und Todesangst. Und sie erkannte den Zusammenhang zwischen ihrer Sucht nach Okkultismus und Spiritismus und ihrer verzweifelten Situation. Emmanuelle berichtete über ihre Lage: „Ein verborgenes geistiges Krebsgeschwür wuchs in meinem Innern. Ich hatte keine Hoffnung mehr. In der Nacht erwachte ich mit panischer Angst und Beklemmungszuständen. Ich hatte Depressionen und wurde in allem zur Auflehnung getrieben. Neun Monate vegetierte ich so dahin. Ich fühlte mich dem Tode nahe, es brauchte nicht mehr viel. Der Gedanke an Selbstmord ergriff immer mehr Besitz von mir." Emmanuelle war am Ende ihrer Kräfte und sah im Tod den einzigen Ausweg aus ihrer verhängnisvollen Lage. Sie hatte sich bereits einen genauen Plan zurechtgelegt, wie sie aus diesem Leben scheiden wollte. Es sollte am späten Nachmittag dieses Tages um 17 Uhr passieren. Ihre Schwester Maria Pia, der der trostlose Zustand Emmanuelles nicht verborgen geblieben war, drängte sie zum Besuch einer Gebetsgruppe für diesen Nachmittag. In ihrer großen Not gab Emmanuelle dieser Bitte nach und folgte der Einladung. Die Gebetsgruppe bestand aus etwa dreißig Personen, die Emmanuelle alle sehr glücklich erschienen. Nur sie selbst stand am Abgrund. Plötzlich meldete sich eine Frau zu Wort und sagte sehr laut: „Brüder und Schwestern! Unter uns ist jemand, der an der Schwelle des Todes steht. Diese Person hat sich vom Feind täuschen lassen, hat Spiritismus und Geisterbeschwörung betrieben und sich so an Satan gebunden. Doch Jesus hat die Macht, diesen Menschen zu befreien und ihm das Leben zurückzugeben. Diese Person möge sich melden, und wir werden kraft des Namens Jesu für sie beten." Da stand Emmanuelle auf und rannte zu der Frau, weinte und schüttete ihr Herz über ihren schrecklichen Zustand aus. Die Frau erklärte Emmanuelle: „Du selbst hast dich dem Feind ausgeliefert. Er hat dich gefesselt und quält dich nun. Sein Ziel ist es, dich zu töten. Glaubst du, dass Jesus, der die Macht hat, dich von den Dämonen zu befreien, auch diese Wunden heilen kann?" Als Emmanuelle mit den Worten antwortete: „Ja, ich glaube, dass Er mich heilen kann!", geschah augenblicklich eine unfassbare Veränderung in ihrem Leben. Alle Todesangst, alle Beklemmung und alle Schmerzen waren verschwunden. Es war ihre Errettung vor dem Tod, wie sie selbst beschreibt: „Weg! Einfach weg! Jesus ist wirklich da gewesen! Meine Uhr zeigte genau 17 Uhr an! Ich hatte für diese Zeit ein Treffen mit dem Tod vereinbart, aber es kam das Leben, der lebendige Gott. Ich spürte die Gegenwart des ‚Guten Hirten', der mich aus dem Grab herausgezogen und meine tödlichen Wunden auf sich genommen hatte. Ich spürte, wie das Leben wie ein süßer Strom in mir floss. Mein ganzes Sein war wie in einer Auferstehungsfreude gebadet. An diesem Abend habe ich mich ganz Gott geschenkt: ‚Herr, mein Plan war es zu sterben. Aber Du hast meinen Tod auf Dich genommen und mir das Leben geschenkt. Deshalb gehört dieses Leben von nun an ganz Dir! Nimm es an!"

Quelle: Sr. Emmanuelle, Il bambino nascosto di Medjugorje, Editrice Shalom 2006 in: Triumph des Herzens, 2006, Nr. 79

18. Ein Atheist findet nach einem wahnsinnigen Horrortrip den Weg zum katholischen Glauben und empfängt eine wunderbare Priesterberufung

Im eben geschilderten Tatsachenbericht spricht Sr. Emmanuelle über ihren geplanten Selbstmord und zeigt, wie Gott sie in letzter Minute gerettet und zur Bekehrung geführt hat. Dieses Ereignis hat gewaltige Folgen für Emmanuelle selbst und für viele Suchende. Nach dem Bekehrungserlebnis tritt sie in die Gemeinschaft der Seligpreisungen ein und wird von ihren Oberen nach Bosnien-Herzegowina geschickt, um die Botschaften der Gottesmutter vom Marienort Medjugorje aus in der ganzen Welt zu verbreiten. In Schriften, Interviews und über Internet berichtet sie seither regelmäßig von den Gnaden, die Menschen in Medjugorje erleben dürfen. Ein Gespräch, das Schwester Emmanuelle mit Donald Calloway führte, ist ein schönes Beispiel dafür, dass es bei Gott keinen hoffnungslosen Fall gibt und dass Seine Barmherzigkeit jeden Menschen erreichen kann!

Donald Calloway schildert darin: „Unsere Familie lebte völlig verweltlicht, eigentlich nur für das Vergnügen. Der Beruf meines Stiefvaters brachte es mit sich, dass wir häufig den Wohnort wechselten. Ich hielt es nicht mehr für notwendig, in die Schule zu gehen. Im Alter von elf Jahren nahm ich bereits die ersten Drogen und begann, Mädchen zu missbrauchen. Immer öfter war ich betrunken, rauchte alles Mögliche und verlor bald völlig die Kontrolle über mein Leben. Als ich erfuhr, dass mein Stiefvater nach Japan versetzt werden sollte, fürchtete ich, mein Paradies zu verlieren, und entschloss mich, meinen Eltern das Leben zur Hölle zu machen. In Japan angekommen, schloss ich mich deshalb sofort einer Bande amerikanischer Jugendlicher an. Mit meinen vierzehn Jahren nahm ich täglich Opium, Heroin und trank Mengen von Alkohol. Jede Nacht schlief ich mit einem anderen Mädchen. Bald wurde ich von der Polizei aufgegriffen und als „gefährliches Objekt für die Gesellschaft" ohne Prozess des Landes verwiesen. Von vier Polizisten begleitet und im Flugzeug angekettet, wurde ich nach Amerika ausgeflogen. Damit hatte ich ein zweites Mal all das verloren, was ich liebte: Geld, Drogen, Mädchen und meine Freiheit. In Amerika lebte ich im gleichen Stil weiter. Aber in Wahrheit befand ich mich im Zustand eines Sterbenden. Ich erinnere mich gut daran, wie ich manchmal nach heftigem Drogenkonsum auf dem Gehsteig lag und es mir schien, als würde meine Brust zerreißen und mein Herz zerspringen, so heftig pochte es.

Immer wieder kehrte ich für eine Weile in das Haus meiner Eltern zurück. Das tiefe Leid, das sie durch mich erleiden mussten, hatte sie zur katholischen Kirche und zu einem lebendigen Glauben geführt. Ich freilich machte mich darüber nur lustig, vor allem dann, wenn sie mir mit Güte und Sanftmut begegneten. Für mich galt: „Ihr könnt machen, was ihr wollt, nur lasst mich damit in Ruhe!" Eines Tages hatte ich plötzlich die innere Gewissheit, dass in dieser Nacht etwas Entscheidendes mit mir passieren würde. Würde ich vielleicht sterben? Auf jeden Fall wusste ich: Heute Abend muss ich zu Hause bleiben. Niemand konnte mich überreden, auszugehen. Doch da ich es nicht gewohnt war, den Abend alleine zu verbringen, langweilte ich mich sehr. So stöberte ich in unserem Bücherregal, in der Hoffnung, dort etwas Interessantes zu finden. Willkürlich nahm ich eines der Bücher in die Hand. Es trug den Titel „Die Königin des Friedens erscheint in Medjugorje.“ Dieses Buch fesselte mich dermaßen, dass ich es am Stück verschlang. Es war gegen vier Uhr morgens, als ich es ausgelesen hatte. Zwar kannte ich diese Jungfrau Maria nicht, doch intuitiv spürte ich: Das ist die Frau, die ich mein Leben lang gesucht habe. Seit meiner Kindheit hatte ich mich nach vollkommener Liebe gesehnt, aber ich hatte sie auf falschen Wegen gesucht. Jetzt wurde mir schlagartig klar: Was in diesem Buch steht, ist die Wahrheit! Ich glaubte jedes Wort, das Maria in Medjugorje gesprochen hatte. Ja, diese Frau hatte mein Herz erobert! Ohne zu wissen, was es bedeutete, schenkte ich mich ihr vorbehaltlos. In dieser Nacht war mir der katholische Glaube ins Herz gesenkt worden. Sobald es hell geworden war, stürmte ich in die Sakristei, um dem Pfarrer mein Erlebnis zu berichten. Der Priester bat mich, ruhig zu werden und hinten in der Kirche Platz zu nehmen, bis er die heilige Messe gefeiert habe. Danach wolle er mich gerne anhören. Als während der Messe der Moment der Wandlung kam und der Priester die Hostie emporhob, schenkte mir der allmächtige und gütige Gott die klare, tiefe Erkenntnis: Diese Hostie ist Jesus Christus! Ich betete Ihn mit jeder Faser meines Seins an und mir war klar: Das also ist, worüber in dem Buch geschrieben steht, das ich die letzte Nacht gelesen hatte. Als die Gläubigen dann zur heiligen Kommunion gingen, brannte ich vor Neid. Ich sehnte mich so sehr nach Ihm! Aber ich konnte mich Ihm nicht nähern, denn ich erlebte meine Unwürdigkeit. Der Priester hatte nicht viel Zeit, ich solle doch morgen wiederkommen. Er gab mir jedoch einige religiöse Gegenstände mit. Als ich zuhause war, hängte ich das Kreuz an die Zimmertür, das Papstfoto an die Wand und stellte das Herz-Jesu-Bild vor mich auf den Boden, kniete nieder, faltete die Hände und schaute nach oben. Während ich auf das Bild blickte, wurde mir innerlich ganz tief bewusst: „Das ist der Gott-Mensch, der für mich am Kreuz gestorben ist und der sein Blut für mich vergossen hat. Dieses geöffnete Herz ist für mich! Und alles, was die Gottesmutter den Kindern in Medjugorje gesagt hat, das hat sie auch mir gesagt." Ich weinte und es tat mir so leid: alle Mädchen, die ich missbraucht hatte; alle Frauen, mit denen ich intim gewesen war, meine Freunde, die ich bestohlen, betrogen und belogen hatte; meine Eltern und mein Bruder, denen ich so viel Leid zugefügt hatte. Doch gleichzeitig wusste ich: „Es gibt eine Hoffnung!" Mit der Zeit vermengten sich die Reuetränen mit Tränen der Freude und des inneren Glücks, weil mir reumütigem Sünder so tief bewusst wurde: „Dieser Jesus Christus, dieser Messias, der Gott-Mensch starb für mich, weil Er mich liebt!" Das erste Mal in meinem Leben fühlte ich mich frei und ein unbeschreiblicher Friede überkam mich. Von diesem Moment an hatte ich kein Verlangen mehr nach Zigaretten, Drogen oder Alkohol und auch nicht nach Frauen. Unzählige Stunden verbrachte ich in der Kirche. Ich betete den Rosenkranz und den Kreuzweg. Ich betete zur Gottesmutter: „Zeige du mir Jesus!" Immer stärker spürte ich den Wunsch, Gott ganz zu gehören und Priester zu werden. Und ich wollte alles tun, was die Gottesmutter von mir wünschte. Nach zehnjährigem Studium, viel Einsatz und

Treue wurde ich am 31. Mai 2003 zum Priester geweiht. Heute wirke ich als Superior des marianischen Studienhauses in Steubenville, Ohio."

Quelle: Fr. Donald Calloway's incredible testimony, Mary TV 2004 in: Triumph des Herzens, Familie Mariens, 2006/Nr. 79

19. Mein Weg aus Esoterik und Okkultismus zum katholischen Glauben

Renate Frommeyer berichtet mir aus ihrem bewegten Leben, von dem sehr viele Menschen bereits durch Medienartikel oder ihr Buch „Gefährliche Meditation" erfahren haben und das viele tief erschütterte. Denn in ihrem Bekenntnis geht es im wahrsten Sinne des Wortes um Leben und Tod. „Ich möchte Zeugnis geben über 20 Jahre Esoterik", erzählt sie mir. „Es waren Jahre, in denen ich mich weit von Gott entfernt hatte und in schwerer Sünde lebte. Ich geriet in die Fänge der Esoterik, in den Okkultismus, in die Götzenanbeterei und in die schwerste Form der Blasphemie (Gotteslästerung). Und ich habe meine Familie und viele Menschen mit in dieses Fahrwasser hineingerissen.

Heute danke ich dem Heiligen Geist, dass er mir die Gnade schenkte, viele Herzen zu berühren und Mitmenschen die Augen zu öffnen, denn in der Okkultismus-Szene haben wir es nicht allein mit Menschen zu tun, sondern mit den Mächten und Kräften der Finsternis, die uns ins ewige Verderben stürzen möchten. Diese Kräfte können – wie ein tödlicher Nebel – jede Institution, angefangen von Kindergärten, Rehakliniken, Arzt- und Massagepraxen, Bildungsstätten und Familien bis hin zu Ordensgemeinschaften aller Konfessionen und Klöster durchdringen. Papst Paul VI. hatte recht, als er sagte, dass der Rauch Satans sogar in die Kirche eingedrungen sei. Die Verwirrung ist allgemein groß. Die Kirche wünscht in einem Schreiben von 2003, dass die Hirten sich mit diesem Problem befassen sollen, um den Gläubigen helfend zur Seite stehen zu können.

Nach meiner Bekehrung fragten mich Priester: ‚Es gibt Menschen, die nach vier oder fünf Jahren in der Esoterik und dem Okkultismus in der Psychiatrie landen oder im Selbstmord enden und du warst 20 Jahre in dieser Szene. Wie kommt es, dass du das so gut überstanden hast?' Ich konnte darauf nur antworten: ‚Wir haben doch Jesus und Maria!' Dem hl. Don Bosco wurde einmal von seinem Engelführer auch die Hölle gezeigt. Der Weg dorthin war kaum erkennbar abfallend und rosenumsäumt, sodass man dachte, es geht ja nicht abwärts, bis das Gefälle immer plötzlich größer wurde und sich ein großer Abgrund öffnete, von dem die Seelen in die Hölle stürzten. Und genau vor diesem Abgrund stand auch ich. Aber Jesus hat mich – als der gute Hirte – von dort gerettet, indem er mir, dem verlorenen Schaf nachgegangen ist. Ich kann ihm nur danken.

Und nun zu meinem Leben: Als Kind wuchs ich im katholischen Glauben auf und hatte eine innige Beziehung zu Jesus. Mit 16 Jahren verlor ich den Kontakt zur Kirche und ließ mich treiben. Mit 21 Jahren wurden mein Mann und ich katholisch getraut, wir bekamen vier Töchter und adoptierten noch einen Jungen. Unsere Kinder wurden zwar getauft und gingen zur Beichte und zur Erstkommunion, aber wir lebten schon nicht mehr im Glauben. Danach entfernten wir uns immer weiter von der katholischen Kirche. Wir lebten völlig im Materialismus und legten großen Wert auf gutes Essen, Rauchen und Alkohol, von dem ich schließlich abhängig wurde. Der Konsum war für uns das Wichtigste. Wir spielten extrem viel Tennis, verbunden mit gesellschaftlichen Feiern und gerieten immer mehr in die schwere Sünde. Die Probleme in Ehe und Familie nahmen zu. Wir gerieten in eine Ehekrise, die so schwer war, dass unsere Kinder darunter litten und krank wurden. Ich selbst konnte nur noch mit Beruhigungsmittel und Alkohol mein Leben bewältigen. Schließlich war ich nur noch ein Schatten meiner selbst. Meine Freunde erkannten mich fast nicht mehr. Die Kinder waren sich selbst oder Hilfskräften überlassen. Eine Tochter wurde sehr krank. Ich war total verzweifelt und meine Seele schrie nach Hilfe, aber da ich in schwerer Sünde lebte, drang ich nicht zu Gott vor. Schließlich kaufte ich ein Buch über Yoga. Schon bei den ersten Übungen spürte ich, wie eine sonderbare Kraft in mich einzog. Diese Kraft war neu und befreite mich aus der Depression, Kraftlosigkeit und Apathie. Ich begann, morgens und abends diese Übungen zu machen, und sie veränderten mich. Ich wurde schlank, selbstbewusst und es schien mit riesigen Schritten aufwärts zu gehen. Alle bemerkten es, aber mir war nicht klar, welche Kräfte dahinter standen. Als mir eine Bekannte die transzendentale Meditation empfahl, nahmen mein Mann und ich an einem fünftägigen Einführungskurs teil. Dort erhielten wir dann in einer geheimen Zeremonie ein sogenanntes Mantra. Es wurde die Tradition der hinduistischen Meister angerufen.

Die transzendentale Meditation wurde uns zu einem hohen Preis verkauft, als Technik für eine Bewusstseinserweiterung, für Stressabbau, zur Überwindung von Angstzuständen und der Beseitigung von Krankheiten. Die Meditation sollte der Reinigung dienen, ihr Ziel war die sogenannte Erleuchtung. Später erfuhren wir, dass die Mantren oder Wortklänge Namen hinduistischer Gottheiten, d. h. Götzen- und Dämonennamen, waren. Durch die ständige Wiederholung dieser Worte konnten diese Wesen immer mehr Besitz vom Meditierenden ergreifen. Auch unsere Kinder und Freunde machten mit. Regelmäßig besuchten wir das Meditationszentrum. Unser Leben schien sich in kurzer Zeit zu ordnen. Tennis, Zigaretten, Alkohol und bestimmte Exzesse verschwanden. Durch die Treffen in dem Meditationszentrum wurden wir immer mehr mit dem hinduistischen Glauben vertraut gemacht. Wir sahen regelmäßig Videoaufnahmen von dem Gründer der transzendentalen Meditation, alles war wie eine Gehirnwäsche. Er nannte es die Wissenschaft der kreativen Intelligenz. In Wirklichkeit war es die ‚alte Schlange', die sagte: ‚Ihr werdet klug davon und ihr werdet sein wie Gott!' Wir begannen an die Reinkarnation und ein Karma zu glauben, denn alles schien einleuchtend. Nach einem Jahr zogen wir in eine riesige private Wohnanlage der Sekte auf einem Berg und ließen alles zurück. Wir nahmen unsere Kinder aus der staatlichen Schule und schickten sie in eine Waldorfschule. In der neuen Wohnanlage arbeiteten wir alle mit. Bald wurden wir zur idealen Vorzeigefamilie der transzendentalen Meditation im deutschsprachigen Raum. Fast alle, die dort arbeiteten, gaben ihr bisherige Arbeitsstelle auf. Wir mussten Schulden aufnehmen und belasteten damit unser neu gebautes Haus.

Unser neuer Glaube an Reinkarnation und an ein Karma bedeutete, dass wir ein Leben nach dem anderen auf dieser Erde durchwandern mussten, bis wir durch Meditation, gute Taten und vielerlei Anstrengungen zu einem erleuchteten Menschen würden. Und dann sollten wir wie ein Tropfen in den Ozean des Göttlichen eintauchen und werden wie Gott. Aber das ist wieder die alte Schlange, die zu uns spricht: ‚Ihr werdet sein wie Gott!' Heute weiß ich, das war eine Blasphemie (Gotteslästerung).

Die Lehre der transzendentalen Meditation beinhaltete hinduistische, buddhistische und andere Strömungen. Man sagte uns, dass die Techniken, die wir praktizierten, etwa 6000 Jahre alt seien. Für viel Geld ließen wir uns in alle diese Techniken einführen, besuchten Kurse und Lehrgänge im In- und Ausland und ließen dabei auch unsere Kinder teilnehmen. Angeblich sollte es uns Harmonie, Gesundheit und Glück bringen, aber die dämonischen Kräfte konnten dadurch immer mehr von uns Besitz ergreifen. Wir sahen, wie durch diese Techniken Menschen in der Luft schweben und wieder ganz sanft landen konnten. Wir waren voller esoterischer und okkulter Ideen und Überzeugungen. Dann, mit 38 Jahren, wurde mein Mann sehr schwer krank, beide Nieren versagten. So wurde er Frühinvalide und zog sich noch eine Bulimie mit starkem Erbrechen zu. Eigentlich sollten die esoterischen Techniken und Methoden, die wir durchführten, ja unserer Gesundheit, unserem Wohlergehen und unserer Harmonie dienen, stattdessen brachten sie uns immer wieder an den Rand des Todes. Meinen

Mann ging es so schlecht, dass wir täglich mit seinem Tod rechnen mussten. Während wir in der Esoterik lebten, waren wir ständig gefährdet und von Unfällen bedroht. Doch unbewusst hatten wir Jesus und unsere Schutzengel an unserer Seite. Ich möchte ein Beispiel geben: Wir fuhren auf einer kurvenreichen Straße, die von Bäumen umgeben war, als mein Mann mich bat, das Steuer zu übernehmen. Kaum hatte ich es übernommen, spürte ich plötzlich einen harten Schlag auf meinem rechten Arm, der mich dazu zwang, das Steuer loszulassen. Wir fuhren gradewegs auf einen Baum zu. Im letzten Moment konnte mein Mann das Steuer noch herumreißen. Solche und ähnliche Situationen passierten oft. Heute denke ich, die bösen Kräfte, von denen wir damals dachten, sie wären gute, wollten uns töten. Aber Jesus, Maria und unsere Schutzengel haben uns vor allem Schaden bewahrt. Ich hatte immer ein Bild von Jesus bei mir, weil ich glaubte, unser ‚alter' und unser ‚neuer' Glaube könnten miteinander harmonieren. Aber wir mussten schließlich erkennen, dass nichts aus der okkulten Welt zum wahren Glauben passte. Doch bis zu dieser endgültigen Erkenntnis verharrten wir weiter auf dem Irrweg der Esoterik, in der man nicht in der Realität lebt und weder wirklich glücklich noch mit den Gedanken in Gott ist.

Die Wahrsager und Hellseher erzählten uns unglaubliche Dinge: Unsere jüngste Tochter sollte jenes Kind gewesen sein, das Jesus auf einen Stein stellte, als er sprach: „Wenn ihr nicht werdet wie dieses Kind." Mir sagten sie, dass ich Kleopatra gewesen sei und mein Mann Marc Antonius. In dieser Illusion lebten wir. Und wenn jemand starb, überlegten wir, wo und als was er wohl wiedergeboren werden würde.

Einmal bei einer Meditation stieg ich aus meinem Körper. Ein anderes Mal sah ich mich von oben im Weltall auf der Erde sitzen, mein Körper erschien wie ein Betonklotz und ich wollte nicht wieder zu ihm zurück. Weil ich aber erkannte, dass es nirgendwo im Weltall ein Refugium gibt, kehrte ich doch in meinen Körper zurück. Es kam aber auch vor, dass Menschen dalagen und nicht mehr zurückkehrten. Ich weiß nicht, was mit ihnen passierte.

Als ich später bei der charismatischen Erneuerung in Gruppen vom ‚Sprachengebet' hörte, fiel mir ein, dass auch ich in meiner esoterischen Zeit einmal ein Sprachengebet hatte. Dabei schrie mein Mann auf, weil es so satanisch und grauenhaft war. Es war ein ‚Sprachengebet von der anderen Seite'. Denn Satan ist wirklich der ‚Affe Gottes': Er versucht, alles nachzuäffen.

Die Lehrgänge, die Besuche bei Wahrsagern, die vielen Reisen in die Meditationszentren, all das verschlang Unsummen. Wir mussten alle unsere Versicherungen kündigen und schließlich sogar unser Haus verkaufen, aber wir fühlten uns als Elitetruppe, überzeugt davon, dass nur durch uns der Weltfrieden erlangt werden konnte. Ich wollte Meditationslehrerin werden. Die Ausbildung sollte zwei Jahre dauern. Doch der Himmel wollte es nicht. Durch meine frühere ungesunde Lebensweise ging es mir von Tag zu Tag schlechter. So war ich kaum zwei Wochen in dem Lehrgang, als ich zusammenbrach und ins Krankenhaus eingeliefert werden musste. Dort stellte man fest, das ich kurz vor dem Leberkoma stand. Die Ärzte gaben mich auf und sagten meinem Mann, dass ich sterben werde. Zuerst war ich sehr verzweifelt, denn ich dachte an meine fünf Kinder. Aber dann wurde ich ruhig. Ich hatte den Eindruck, als würde Jesus neben meinem Bett stehen, und ein tiefer Friede überkam mich. Ich konnte Jesus mein Leben übergeben. Er heilte mich von meiner schweren Erkrankung. Nach neun Wochen konnte ich die Klinik verlassen. Heute weiß ich: Jesus war immer da in meinem Leben, auch auf meinen Irrwegen hat er mich begleitet und in den entscheidenden Momenten eingegriffen.

Die Faszination der esoterischen Lehre hatte für uns darin bestanden, dass wir uns als Elitetruppe fühlten, die dazu ausersehen war, den Weltfrieden zu retten. Es war eine Selbsterlösungs-Geschichte. Doch später erkannten wir, dass nur Jesus der wahre Friedensfürst ist und dass nur durch ihn der wirkliche Frieden kommen kann.

Unterdessen kriselte es wieder sehr stark in unserer Ehe. Ich war viel unterwegs und die Kinder waren oft allein. Und obwohl die Techniken, die uns angeboten wurden, Harmonie und Frieden bringen sollten, zerbrachen doch fast alle Ehen in den esoterischen Zirkeln, ebenso waren Verletzungen, Krankheiten bis hin zu Todesfällen und Selbstmorden an der Tagesordnung. Und statt des Wohlstands, der uns versprochen worden war, haben wir unser restliches Vermögen vollständig verloren.

Eines Tages wurde ich zu einem Mann nach Münster gerufen. Er lag seit einer Woche im Koma und den Ärzten gelang es nicht, ihn wieder zu Bewusstsein zu bringen. Seine Frau war eine hohe Angestellte im Justizministerium in Hannover und durch Bekannte wurde sie auf mich aufmerksam. Wir fuhren in die Klinik und wurden nach strenger Kontrolle schließlich zur Intensivstation vorgelassen. Ich stellte mich an das Fußende des Patienten und berührte seine Fußzehen. Sofort spürte ich ein intensives Pochen in seinem Körper. Obwohl er klinisch tot war, erwachte er wieder zu neuem Leben und wurde wenig später entlassen. Die Kraft, die in diesem Moment von mir ausging, war so stark, dass sogar mein Ehemann, der draußen im Flur saß, sie spürte. Er erlebte sie als eine Riesenenergiewelle. Spätestens seit diesem Erlebnis wussten wir, welche Kräfte von der anderen Seite eingesetzt werden konnten. Trotz dieses Vorfalls empfand ich keine Befriedigung, sondern es machte sich im Gegenteil ein großer Frust in mir bemerkbar, denn ich sah die Krankheiten, die Selbstmorde um mich herum, ich sah die Ehen, die zerstört wurden. Und ich sah auch meine Ehe, die nur geschützt war, weil wir vor Gottes Angesicht unser Ja gesprochen, immer in Gefahr. In dieser Frustphase tauchte eine Inderin auf, die ‚Mutter Meera' genannt wurde und von der man sagte, sie sei die ‚göttliche Mutter'. Sie war jung und sehr schön und war von Indien nach Deutschland gekommen. Für die Hindus war die ‚göttliche Mutter' die zweithöchste Göttin. Ich wollte diese Frau unbedingt besuchen. Beim ersten Treffen mit ihr sah ich, wie die Anwesenden vortraten und vor ihr niederknieten. Sie legte die Hände auf die Stirn der Knieenden und blickte ihnen in die Augen, was einen intensiven Einfluss auf die Besucher ausübte. Nach und nach tauchten wir in die ganze hinduistische Dämonen- und Götzenwelt ein; der Einfluss von ‚Mutter Meera' auf mich und meine Familie wurde immer größer. Wir bekamen die Erlaubnis, in ihre Nähe zu ziehen unter der Bedingung, dass wir zwei Einkommen beisteuern müssten. Bei ihr fühlten wir uns als

Auserwählte, weil ‚Mutter Meera' immer bekannter wurde und viele Prominente aus der ganzen Welt zu ihr kamen, sogar der damalige Verteidigungsminister Schwedens. Die Besucher spendeten oft große Summen. Wir lebten ganz für diese ‚göttliche Mutter'. Endlich glaubten wir, das gefunden zu haben, was wir immer gesucht hatten. Aber Jesus war auch noch da, schließlich trug ich ja immer ein Bild von ihm bei mir.

Bei der ganzen Begeisterung für die ‚göttliche Mutter' wurde uns nicht bewusst, dass wir immer mehr in die satanische Szene abglitten und das Dämonische immer mehr von uns Besitz ergriff. Etwa acht Jahre lebten wir in der Nähe von ‚Mutter Meera' in scheinbarer Erfüllung. Für die Mächte der Finsternis waren wir jetzt eine sichere Beute, weshalb sie zu einem Generalangriff übergingen, der darin bestand, unsere Ehe zu zerstören. Mein Mann musste wegen starker Rückenschmerzen in die Klinik und sollte nach medizinischer Diagnose im Rollstuhl landen. Ich war verzweifelt und hatte ein Black out. Sofort rief ich meinen Hellseher an. Erst sagte er mir, dass alles besser würde, aber dann erklärte er ganz offen: ‚Ja wusstest du nicht, dass es mit deinem Mann zu Ende geht!' Er sagte mir sogar das Sterbedatum voraus. Ich ging zu Mutter Meera und berichtete über die Aussage meines Hellsehers. Mit einem Lächeln sagte sie: ‚Ja, so ist es, er wird sterben, aber sag es ihm nicht.' Später wurde mir klar, ich sollte dadurch psychisch und physisch zerstört werden.

Ich war völlig ausgebrannt, meine Arbeit kam zu kurz. Nichts schien mir mehr helfen zu können. Wie sollte es nur weitergehen? Da hörte ich eine Stimme, die mir sagte: ‚Meditiere und bete eine Stunde lang das Vaterunser!‘ Dies war für mich wie eine Rettungsleine. Nach fünf Tagen sprach mich ein Freund an, der sich mit Esoterik und Okkultismus befasste, und sagte: ‚Du gehörst zu Jesus!‘ Tatsächlich übernahm von diesem Augenblick an Jesus die Herrschaft über mein Leben. Als ich zwei Wochen mit meiner Tochter auf Kreta Urlaub machte, begegneten wir einem Kreter, der wie wir Erfahrungen mit der transzendentalen Meditation und mit der Esoterik gesammelt hatte. Er hieß Janis und war drogen- und sexsüchtig gewesen, doch er fand den Weg in eine charismatische Gruppe auf Kreta und wurde dort geheilt. Janis sagte zu mir: ‚Jesus steht gerade vor dir und umarmt dich und er bittet dich, die Mauer niederzureißen, die zwischen dir und ihm steht.‘ Im gleichen Augenblick wurde mir klar, was mit dieser Mauer gemeint war. Es war die lange Bindung an die dunklen Mächte, die mich von Gott fernhielt und meine Ehe zersetzte. Ich widersagte dieser Bindung in der Kraft Jesu und seines kostbaren Blutes. Als Zeichen für die Zuverlässigkeit seiner Worte, so sagte Janis, würde ein großes Problem in meiner Familie gelöst werden. Als wir wieder zu Hause waren, war mein Mann tatsächlich von seiner 16-jährigen Bulimie geheilt. Danach ging ich täglich zur hl. Messe. Eine Frau hatte eine Gebetsgruppe, die für uns betete. Vor dem Tabernakel hörte ich eine Stimme, die sagte: ‚Hier ist deine Suche zu Ende!‘ Nun fing ein gewaltiger geistiger Kampf an. Ich geriet immer mehr in eine tiefe Sinnkrise, die mich auch körperlich sehr mitnahm. Es stellte sich mir ständig die Frage: Mit wem will ich die Ewigkeit verbringen? Bisher wollte ich sie ja mit der ‚göttlichen Mutter‘ verbringen. Es kamen immer mehr Zweifel, vor allem bei der ‚göttlichen Mutter', die unter anderem Abtreibung in Indien als ein Verhütungsmittel betrachtete. Die Krise wurde immer größer. Mein Mann und ich machten Urlaub. Dort machte er eine starke Gotteserfahrung, worauf er sich bekehrte. Und als wir wieder zu Hause waren, gingen wir nicht mehr nur zu den Gurus, sondern auch zur Kirche. Wir praktizierten beides. Und ich entschloss mich, wieder in die katholische Kirche einzutreten. Nach dem Eintritt besuchten wir einen Glaubenserneuerungskurs und übergaben Jesus unser Leben, aber nach wie vor war der Kampf um unsere Seelen in seiner heißesten Phase. Wir wurden rückfällig und übten wieder alle neuen und alten okkulten Praktiken aus. Die Meditation über das ‚Vaterunser' führte mich endgültig zu Jesus, und Jesus führte mich zum Vater. Viele Personen beteten für uns. Bei einem großen charismatischen Treffen in Köln gingen mir die Augen auf. In einem hellen Licht sah ich die Lügen, Illusionen und die ganze Erbärmlichkeit der Szene, in der wir uns befanden, und was mit der sogenannten ‚göttlichen Mutter' vor sich ging. Klar erkannte ich, das war nicht das, was ich gewollt und gesucht hatte, das alles kann mir keine Erfüllung bringen und damit will ich auch meine Ewigkeit nicht verbringen. Ich erkannte, dass Jesus der einzige Weg, die einzige Wahrheit und das einzige Licht ist und dass alles andere, was wir in den letzten 20 Jahren praktiziert hatten, eine Lüge war und wir alles aufgeben mussten. Ich traf diese Entscheidung mithilfe vieler Menschen, die für uns gebetet hatten. Auch in meinem Mann entbrannte ein mächtiger Kampf. Er war sehr stark an die ‚göttliche Mutter' gebunden, aber als Kind wurde er der Gottesmutter geweiht und ihre Fürsprache rettete ihn. Nach drei Wochen entschied sich mein Mann, mit mir den Weg mit Jesus zu gehen. Viele Menschen begleiteten uns vom Abgrund zur Hölle zum wahren Leben. Allen möchte ich danken, die uns geholfen haben. Wir waren sehr stark gefährdet.

Nach einem Jahr wurde in einem Heilungsgottesdienst erkannt, dass wir noch sehr stark an die Mächte der Finsternis gebunden waren. An diesem Gottesdienst nahm auch der damalige Augsburger Alterzbischof Dr. Stimpfle teil, der uns kraft seiner Autorität als Nachfolger der Apostel von all diesen negativen Kräften exorzierte. So großartig ist Gottes Vorsehung! Wir haben uns der Gottesmutter Maria geweiht, und sie begleitet uns auch forthin. Nach unserer Bekehrung flog ich mit meiner dritten Tochter nach Medjugorje. Sie wollte ursprünglich Meditationslehrerin werden. In Medjugorje wurde ihr jedoch eine tiefe Bekehrung geschenkt, die bis heute anhält. Heute ist Medjugorje unsere zweite Heimat geworden. Ich war schon zwölfmal dort. Wir gehen täglich zur hl. Messe und versuchen, die Botschaften, die uns die Muttergottes in Medjugorje gibt, zu leben. Durch Schwester Ushia lernte ich die Schritte der Vergebung kennen. Ich wurde auch ausgebildet und ausgesandt, um in Vorträgen, Seminaren und Einzelgesprächen auf die Wichtigkeit der Vergebung hinzuweisen. Nun gebe ich mein Wissen über die Vergebung an andere Menschen weiter, und der Herr segnet dieses Bemühen durch Bekehrungen und Heilungen. Auch Gebetsgruppen sind dadurch entstanden. Täglich dürfen wir die Liebe, die Barmherzigkeit, den Frieden und das Wirken Gottes in unserem Leben erfahren. Wenn auch noch nicht alle Kinder und Enkelkinder mit uns diesen Weg gehen, so herrscht doch der Geist der Liebe und des Friedens. Wir vertrauen auf Jesu Wort: „Wenn ihr nur Glauben habt, seid ihr und euer Haus gerettet!"

Als ich Frau Frommeyer am Ende unseres Gesprächs an die Ankündigungen ihres ehemaligen Gurus und der ‚göttliche Mutter Meera' bei der schweren Erkrankung ihres Mannes 1979 erinnere, die seinen baldigen Tod vorhersagten, erwidert sie lächelnd: ‚Mein Mann ist heute 77 Jahre alt – und wir sind im April 2020. Mehr als 30 Jahre sollte er schon tot sein. Dabei lebt er noch heute, sorgt sich um das Seelenheil der Menschen und versucht, dem Nächsten zu helfen, wo es geht."

20. Nach einer fast tödlichen Erkrankung findet die Mutter zum katholischen Glauben

Auf den Hinweis eines Pfarrers hin besuchte ich eine leidgeprüfte Mutter und ihre Tochter. Die Mutter berichtete von ihrem sehr schwer erkrankten Kind und seiner wunderbaren Heilung. Die damals knapp fünfjährige Tochter klagte über starke Leibschmerzen, danach musste ein bösartiger Tumor in der linken Niere entfernt werden. Hinzu kam, dass sich bereits Metastasen gebildet hatten. Nach der Entfernung der linken Niere bildete sich im Umfeld ein neuer Tumor. Darauf wurde die Behandlung mit Chemo auf ein Höchstmaß gesteigert. In der Folge stellte sich heraus, dass durch die massive Chemotherapie ein schwerer Herzschaden entstanden war, der nach der Meinung der Ärzte zu einem baldigen Tode führen musste. Hinzu kamen eine extrem angeschwollene Leber, eine Verkrümmung der Herzscheidewand und eine Wasseransammlung im ganzen Körper sowie eine schwere Lungenentzündung und die Komplikationen bei der Atmung. Die Eltern wachten Tag und Nacht an ihrem Bettchen im Krankenhaus. Mit Tränen in den Augen berichtete die Mutter: „Während einer dieser Wachen war es mir, als ob mein Kind schon gestorben wäre, es lag wie tot da. Ich schüttelte mein Töchterchen, bis es wieder nach Luft ringend zu sich kam." Dann schilderte sie: „Die Ärzte erklärten uns, dass nur noch eine Herztransplantation eine Überlebenschance bringen könnte. Unsere Tochter war tapfer und fröhlich, sie sagte: ‚Wenn ich sterbe, weiß ich, wohin ich komme, da geht es mir gut.' Durch diese Äußerung wurden wir sehr getröstet und es fiel uns nun leichter zu sagen: Herr, dein Wille geschehe. Wir waren jetzt bereit, alles aus den Händen Gottes anzunehmen, auch den Tod unseres Kindes. Daher verweigerten wir die Zustimmung zu einer Herztransplantation."

Als ich die leidgeprüfte Mutter fragte, wie es zu der entscheidenden Wende kam, antwortete sie: „Wir und unsere Verwandten haben sehr intensiv für unser Kind gebetet. Das Anliegen wurde außerdem den Sehern von Medjugorje mitgeteilt, die es der Gottesmutter vorgetragen haben. Wir waren auch mit unserem Kind bei Pfarrer Klaus Müller, der in unserer Nähe einen Heilungsgottesdienst hielt. Er segnete unser Töchterchen und betete um Heilung. Und an dem Tag, an dem wir unser Ja zum Willen Gottes gesagt hatten, kam die Wende. Unser Kind setzte sich plötzlich in seinem

Bettchen auf, verlangte Malstifte und Malbuch und sagte: ‚Die Oma soll Spagetti kochen und gleich kommen.' Sie kam und brachte das Essen, unser Kind aß alles auf, spielte, lachte, malte und turnte in seinem Bett herum. Die Ärzte, die dieses Verhalten verfolgten, hielten es für ein letztes Aufbäumen vor dem Tod."

Bei meinem Besuch fragte ich auch die inzwischen zwölfjährige Tochter nach ihrem Befinden. Sie erwiderte: ‚Mir geht es sehr gut!' Sie sprach über ihre Schule und ihre Hobbys und machte einen sehr gesunden Eindruck. Aus dem Gespräch mit der Mutter konnte ich entnehmen, dass der Glaube in ihrem bisherigen Leben eine sehr untergeordnete Rolle gespielt hatte, dass aber durch die schwere Erkrankung ihrer Tochter ein Wandel in ihr vorgegangen sei, der sie zum Eintritt in die katholische Kirche bewegte und, dass sie in dieser Kirche das fand, was ihr im Leben bisher fehlte.

21. Aus Esoterik und Okkultismus fand ich den Weg zur katholischen Kirche

Das Interview, das ich mit Annette führte, offenbarte mir die schrecklichen Folgen der schweren Sünde. Sie hatte einen Höllentrip hinter sich und litt noch schwer an den furchtbaren Erlebnissen. Sie schilderte: „Meine Eltern ließen mich katholisch taufen, aber mir fehlte der Bezug zu Gott. Ganz selten ging ich, und dann nur meinen Eltern zuliebe, in die Kirche. Meine Abenteuerlust trieb mich und meinen evangelischen Freund in ferne Länder. So fuhren wir etwa 1.500 Kilometer mit dem Motorrad durch Indien. Dort lernten wir Sadhus (Anhänger des Gottes Shiva) kennen und waren auf der Suche nach Rauschgift. Mehr als elf Jahre lang nahm ich Haschisch, Kokain, LSD, Ecstasy und Opium. Als wir wieder zu Hause waren, wurde ich schwanger. Bis auf ganz wenige Ausnahmen verzichtete ich auf Drogen, um das Kind nicht zu gefährden. Als mein Sohn geboren war, griff ich wieder zu Drogen. Meine Eltern machten sich darüber große Sorgen und meldeten uns deshalb zu einem Heilungsgottesdienst an. Weil mein Freund und ich aber darauf keine Lust hatten, blieben wir diesem Gottesdienst fern. Wir wurden dann von Freunden zu einem Drogenfestival ins Ausland eingeladen. Mit Rauschgift im Wagen fuhren wir los. An der Grenze wurden wir genauestens von Zollbeamten untersucht. In Kabinen mussten wir uns ausziehen. Jeder Winkel und jedes Polster im Wagen wurde sorgfältig kontrolliert. Ein Beamter tastete die Kopfstützen ab, in denen das Rauschgift versteckt war, nahm aber aus unerfindlichen Gründen die Hände wieder weg, noch bevor er das Rauschgift entdeckt hatte.“

Als ich meine Gesprächspartnerin nach ihren Empfindungen in diesen Augenblicken befragte, antwortete sie: „Ich hatte große Angst, denn ich dachte, wenn sie das Zeug finden, werden wir im Ausland im Gefängnis bleiben müssen und können nicht zu unserem Kind zurück. Diese große Not brachte mich dazu, die Gottesmutter um ihre Hilfe anzuflehen. Im Unterbewusstsein fühlte ich, dass mein Gebet erhört würde. Als wir endlich weiterfahren konnten, war ich beschämt, weil ich Maria um etwas Illegales gebeten hatte. Anschließend erlebten wir ein großartiges Drogenfestival. Nachdem wir wieder zu Hause waren, blieb alles beim Alten. Wir konsumierten weiter unsere Drogen."

Ich wollte wissen, wie es zur Wende in ihrem Leben kam. Darauf erwiderte sie: „Schließlich nahm ich die Einladung meiner Eltern zu einem Heilungsgottesdienst doch an. Als der Priester bei der heiligen Wandlung die Hostie zeigte, erkannte ich plötzlich mit einer unaussprechlichen Klarheit meine Sünden und meine Armseligkeit vor Gott. Mir wurde bewusst, wie sehr ich Jesus bisher beleidigt hatte. Ganz deutlich spürte ich, wie Gott mir zum letzten Mal seine Gnaden anbot. Deutlich stand mir die Tatsache vor Augen: ‚Wenn du jetzt nicht umkehrst und dein Leben änderst, obwohl dir Gott mehrmals seine Hand gereicht hat, dann verspielst du die Gnade Gottes und ziehst seinen Zorn auf dich herab.' Sehr drastisch kam mir zum Bewusstsein, dass ich auf dem Weg zur Hölle war. Diese heilsame Erkenntnis führte zu meiner Bekehrung. Ich trennte mich von meinem Freund, mit dem ich so viele Jahre zusammengelebt hatte."

Aus dem Gespräch ging außerdem hervor, dass es noch ein gravierenderes Ereignis vor ihrer endgültigen Bekehrung gab. Annette hatte Mühe, dieses Erlebnis zu erzählen. Sie schilderte: „Infolge des jahrelangen Drogenkonsums sah ich im wachen Zustand den Leidensweg Jesu. Ich stand bei denen, die riefen: ‚Kreuzige ihn!' Dieses Erlebnis schockierte mich. Von dieser Stunde an nahm ich nie wieder Drogen."

Während des Gesprächs erfuhr ich, dass die junge Mutter nach ihrer Bekehrung schwersten Versuchungen ausgesetzt war und noch immer ausgesetzt ist. Doch sie ist sich der großen Gefahr bewusst, dass Satan sie wieder zurückerobern möchte. Sie versichert: „Ich gehe jetzt täglich zur hl. Messe. Einmal in der Woche beichte ich. Jeden Monat mache ich eine Wallfahrt, um mir Kraft zu holen und Gott um seine Hilfe zu bitten. Ich bin mir darüber im Klaren, dass viele Menschen für meine Bekehrung gebetet und mich dadurch vor dem Schlimmsten bewahrt haben. Nun ist es meine Aufgabe und Pflicht, für meine früheren Bekannten zu beten, die sich nicht im Geringsten um Gott kümmern und in schwersten Sünden leben. Für sie muss ich beten, damit Gott ihnen die Gnade der Bekehrung schenke. Mir tun meine früheren Bekannten sehr leid, weil sie ihre Freude dort suchen, wo sie nicht zu finden ist. Nur Gott kann die Menschen glücklich machen."

22. Der katholische Glaube befreite mich aus der verhängnisvollen Welt des New Age

In ihrer Autobiographie **„Der barmherzige Jesus hat mich vor der Hölle gerettet"** berichtet die Französin Fabienne Guerrero über ihren dramatischen Leidensweg und ihre Bekehrung: „Meine Eltern haben mich wenige Tage nach meiner Geburt taufen lassen. Ich ging in den Religionsunterricht und habe die erste heilige Kommunion empfangen. Meine Mutter hatte mich gelehrt, jeden Abend vor dem Einschlafen zu beten. Doch mit 15 Jahren lebte ich bereits außerhalb der Kirche ohne die Sakramente. Ich lernte Karten legen, machte mich mit der Numerologie vertraut und befragte Seher und Astrologen. Ständig lebte ich in der

Angst vor der Zukunft. Im Alter von 22 Jahren bin ich einem jungen Mann begegnet und habe fünf Jahre mit ihm in wilder Ehe gelebt. Ich wusste damals nicht, dass ich in einer Todsünde lebte. Nach der Trennung führte ich ein ausschweifendes Leben, hatte viele Freunde, nahm Drogen und verbrachte viele Nächte in Diskos. Vor ein paar Jahren bin ich in ein spiritistisches Zentrum in Marseille eingetreten, wir versammelten uns jeden Mittwochabend, um Geister anzurufen. Doch ich wusste nicht, dass all die anwesenden Geister Dämonen waren. Ich dachte, dass ich mit meinen Verstorbenen oder mit umherirrenden Seelen zu tun hätte. In diesem spiritistischen Zentrum hat mir ein Guru vorgeschlagen, meine Chakras (Energiezentren des Körpers) zu öffnen, und ich habe leider Ja gesagt. Ich dachte, dass er mich von meinen früheren Leben befreien würde. Ich wusste nicht, dass die Reinkarnation eine satanische Lüge ist. Der Guru hat seine Hände auf meine energetischen Zentren gelegt und hat sie geöffnet, was man das dritte Auge und das Chakra des Herzens nennt, und zu meinem Unglück hat sich die Kundalini (der irdische Pol der göttlichen Energie im Menschen) erhoben und mehrere Monate lang wäre ich fast gestorben. Ich befand mich mehrmals körperlich im Todeskampf. In dieser Zeit großer innerer Verzweiflung lernte ich im Alter von 30 Jahren einen Mann kennen, der kirchlich verheiratet war. Seine Frau hatte ihn wegen eines anderen Mannes verlassen. Wir waren zwei Jahre lang ein Paar und haben dann beschlossen, zusammenzuziehen. Nach der Scheidung von seiner Frau konnten wir uns bürgerlich trauen lassen. Ich beschäftigte mich intensiv mit Esoterik und dem Spiritismus und ließ mich voll und ganz auf New Age ein. Ich habe mich lange mit der Esoterik beschäftigt und gehörte dem Orden der Rosenkreuzer an. Doch nach einer Wallfahrt nach Medjugorje habe ich beschlossen, ihn wieder zu verlassen. Denn als ich dort den Kreuzweg betete, gab mir die Heilige Jungfrau zu verstehen, dass dieser Orden eine Sekte sei. Ich schrieb dem Großmeister, dass ich den Orden verlassen und in die katholische Kirche zurückkehren werde."

Nach Fabiennes Angaben griff Jesus in ihr Leben ein. Er zeigte ihr, dass sie im Ehebruch und damit in der Todsünde lebte, er bat sie zu beichten und enthaltsam zu leben. Sie berichtet über dieses Erlebnis: „So habe ich beschlossen, mich scheiden zu lassen, und bin gegangen, um dem Herrn in seinen Geboten zu folgen."

Jesus beauftragte Fabienne, in die Welt zu reisen, um die Leute zu evangelisieren und sie vor den Gefahren des New Age und der Esoterik zu warnen.

Quelle: Maria heute, Februar 2010, Parvis Verlag, Hauteville.

23. Der katholische Glaube rettete Sven vor dem Wahnsinn und ewiger Gottesferne

Pfarrer Urs Keusch berichtet über ein grauenvolles Erlebnis mitten in der Nacht: „Es geht gegen Mitternacht. Jemand klingelt ungestüm an der Pfarrhaustür. Als ich die Türe öffne, steht ein Junge da. Es ist Sven, der Sohn eines Lehrers, der an derselben Schule unterrichtet wie ich. Sven ist völlig durcheinander. ‚Darf ich reinkommen?', fragt er

mich. Schon steht er im Gang und erzählt wirres Zeug. ‚Ich dreh durch', sagt er immer wieder. ‚Ich dreh durch. Ich halt es nicht mehr aus. Ich werde wahnsinnig.' Ich bitte Sven, er möge sich setzen und mir in Ruhe seine Geschichte erzählen. Aber er kann sich nicht setzen, er ist viel zu aufgeregt. Also lasse ich ihn erzählen, während er hin und her geht. ‚Ich habe mit Freunden zusammen den Satan angerufen. Wir haben Okkultismus betrieben. Wir haben mithilfe der Geister Glas zum Platzen gebracht, Löffel verbogen, Glühbirnen ausgelöscht. Und jetzt kann ich nicht mehr schlafen. Ich kann nicht einmal mehr mein Zimmer betreten, in dem wir diese Dinge getan haben. Ich kann nicht mehr hinein, ich werde von höllischer Angst ergriffen. Eine unheimliche Finsternis, sage ich Ihnen, ich werde wahnsinnig.' Sven zittert am ganzen Leib. ‚Konntest du nicht mit deinem Vater sprechen?', fragte ich Sven. ‚Er wollte die Psychiatrische Klinik anrufen, aber ich will nicht in die Klapsmühle, darum komme ich zu Ihnen', antwortete Sven. Inzwischen war Sven ein wenig ruhiger geworden und hat sich gesetzt. Ich bat den Herrn, er möge mir zeigen, wie ich Sven helfen könne. Denn um Mitternacht zu ihm nach Hause zu gehen und das Zimmer auszusegnen, wollte ich nicht, weil ich wusste, dass sein Vater mit der Kirche nichts am Hut hatte. Aber was sollte ich nur tun? Da wurde mir ein Gedanke geschenkt, der sich als kleines Wunder erweisen sollte. Ich holte mir eine Osterkerze, stellte sie zwischen Sven und mir auf und sprach zu ihm etwa diese Worte: ‚Schau dir diese Kerze an, Sven! Das ist eine Osterkerze. An Ostern feiern wir den Sieg des Lebens über den Tod, den Sieg des Herrn Jesus über den Satan.

Diese Kerze ist gesegnet worden mit den Worten: *Herr Jesus Christus, du bist das Licht der Welt, das Licht für alle Menschen. Segne diese Kerzen, die wir zu deinem Lobpreis entzünden. Wie ihr Licht das Dunkel erhellt, so mache du unser Leben hell mit deiner Wahrheit. Schenke uns in den Bedrängnissen unseres Lebens Zuversicht und Freude.* Diese Kerze ist also ein Symbol für Christus, Sven. Wo immer wir in gläubigem Vertrauen eine solche Kerze aufstellen und entzünden, dort ist die Kraft des auferstandenen Christus wirksam. Was wir im Segen erbeten haben, das wird dann wirksam: Das Dunkel wird erhellt, das Böse muss weichen, unser Leben wird wieder hell und die Bedrängnisse unseres Lebens müssen zurückweichen. Nun geh nach Hause, Sven, zünde die Kerze in diesem Vertrauen an und geh damit mutig in dein Zimmer hinein. Dort lasse sie die ganze Nacht hindurch brennen, ja, solange du willst. Leg dich voll Vertrauen ins Bett, glaube daran, dass alles Böse durch das Licht der Kerze vertrieben wird und dass dir der liebe Gott eine gute Nacht schenken wird.‘ Sven nahm die Kerze wie ein Geschenk vom Himmel an sich. Er verabschiedete sich und ging ruhig und voller Zuversicht in die Nacht hinaus. Zu Hause entzündete er die Kerze und stellte sie in seinem Zimmer auf, nicht nur diese eine Nacht, sondern noch einige Nächte, bis die Kerze ganz niedergebrannt war. Sven war von da ab von seiner unheimlichen Angst befreit. Er hat sich nie wieder auf die Versuchung zu okkulten Praktiken eingelassen.“

Nach diesem Bericht geht Pfarrer Keusch auf die Gefahren des Okkulten ein. Er schildert: „Okkultismus bei Jugendlichen wird heute als die Droge Nr. 1 bezeichnet. Ich habe viele Jugendliche erlebt, die durch solche Praktiken in dramatische seelische Zustände hineingeraten sind. Andere haben sich in ihrer Verzweiflung sogar das Leben genommen. Man kann jungen Menschen nur raten: ‚Hände weg von solchen Praktiken (Anrufung von Geistern, von Verstorbenen, Satansweihen, auch Gläserrücken, Pendeln, Kartenlegen etc.)!' Und wer sich bereits in solche Netze verstrickt hat, soll sich unbedingt Hilfe suchen, damit er davon frei wird. Jungen Menschen kann ich nur raten: ‚Versuch es doch mit Jesus! Mit ihm zusammen wirst du wunderbare Dinge erleben. Er ist dein Freund. Was immer dir in deinem Leben zustößt, in allen deinen Verirrungen, Einsamkeiten, Abstürzen, Verzweiflungen, ausweglosen Situationen, vergiss nie, zu Jesus zu rufen. Ruf ihn unaufhörlich an, denn Jesus heißt: Ich bin da. Ich rette dich. Ich liebe dich. Ich lasse dich nicht fallen, wie tief du auch gefallen sein magst.' Am Barmherzigkeitssonntag (2. Sonntag nach Ostern) ruft Jesus alle Menschen zu sich, vor allem die jungen Menschen, die er so sehr liebt: ‚Ich will, dass die Sünder zu mir kommen ohne jede Furcht. Die größten Sünder haben ein ganz besonderes Anrecht auf meine Barmherzigkeit. Ich freue mich, wenn sie ihre Zuflucht nehmen zu meiner Barmherzigkeit. Ich überhäufe sie mit Liebe, weit über ihre Erwartungen."

Quelle: Betendes Gottesvolk, Wien 2004/1, Nr. 217

24. Eine sterbende Mutter und ihre zwei Töchter finden Frieden und Heil in der katholischen Kirche

Während einer Pilgerfahrt begegnete ich einem Witwer und seinen beiden Töchtern. Er berichtete mir vom tragischen Tod seiner Frau: „Meine Frau zweifelte an der Existenz Gottes. Aus diesem Grunde ließen wir unsere Kinder nicht taufen und sie hatten überhaupt keine religiöse Erziehung. Es gab weder Gebet noch einen Gottesdienstbesuch." Als ich ihn fragte, wie er auf den Wallfahrtsort Medjugorje aufmerksam wurde, berichtete er über seine traurige Vergangenheit: „Meine Frau wurde schwer krank, sie bekam Lungenkrebs. Im Krankenhaus hörten wir zum ersten Mal von Medjugorje. Meine Frau wollte unbedingt dorthin fahren, sie sagte damals: ‚Vielleicht geschieht dort noch ein Wunder.' Dann fuhr ich zum ersten Mal mit meiner Frau, aber ohne unsere Kinder nach Medjugorje. Der Besuch veränderte das Leben meiner schwerkranken Frau. Sie fand dort einen tiefen, unerschütterlichen Glauben und lernte das Beten. Wir nahmen an den Gottesdiensten teil. Ich bemerkte auch, dass meine Frau einen großen Frieden fand. Sie bekam dort auch die Kraft, ihrem Vater zu verzeihen, der sich sexuell an ihren Geschwistern vergangen und sie selbst sexuell belästigt hatte. In ihrem schweren Leiden kam sie zu der Einstellung, dass alles nach Gottes Willen geschehen möge. Seit diesem Besuch hatte meine Frau ein inniges Verhältnis zur Mutter Jesu. Nach unserer Rückkehr beteten wir gemeinsam und gingen sonntags sehr regelmäßig zur Kirche. Meine Frau und ich spürten den starken

Drang, wieder nach Medjugorje zu fahren, weil es uns dort so gut gefallen hatte. Bald fuhren wir ohne unsere Kinder erneut nach Medjugorje. Als wir unseren Kindern von dort berichteten, dachten sie, wir würden spinnen. Wir gingen zu einem katholischen Pfarrer und sprachen mit ihm über die Taufe unserer Kinder, meine Frau wurde als Kind schon katholisch getauft. Der Geistliche bemühte sich sehr um unsere Töchter. Sie gingen nur deshalb zu ihm in den Unterricht, um der schwerkranken Mutter einen Gefallen zu tun, aber schon bald erwachte in ihnen auch ein religiöses Interesse. Einige Wochen vor dem Tod meiner Frau teilten uns die Ärzte mit, dass es keine Chance mehr gebe, aber eine Chemotherapie ihr Leben um einige Wochen oder Monate verlängern könnte. Wir lehnten die Therapie ab, weil meine Frau lieber die letzten wenigen Tage zu Hause bei den Kindern als wochen- oder monatelang ohne Familie in der Klinik sein wollte. Durch unseren Besuch in Medjugorje wurde mir die Kraft geschenkt, den Tod meiner Frau besser annehmen und ihr besser beistehen zu können. Ja, mir wurde so viel Kraft geschenkt, dass ich in den letzten schweren Wochen und Stunden im Leben meiner Frau nicht in Panik geriet. Im Gegenteil: Ich war innerlich ganz ruhig, obwohl es natürlich unbeschreiblich schwer war. In den letzten Minuten hielt ich meine Frau in den Armen und sprach mit ihr, während meine Kinder die Hände ihrer sterbenden Mutter hielten. Sie reagierten mit einer unwahrscheinlichen Ruhe. Meine Frau starb – ergeben in den Willen Gottes – eine Woche nach der Taufe unserer Töchter. Ihr Tod führte uns noch mehr im Glauben zusammen. Vor ihrem Tod hatte sie noch die Sterbesakramente empfangen und verschied im tiefen Frieden mit Gott, indem sie lächelnd eingeschlafen ist. Nach dem Tod meiner Frau fuhr ich mit meinen Töchtern nach Medjugorje. Sie wollten unbedingt den Ort kennenlernen, von dem die Mutter so oft gesprochen und wo sie ihren Glauben wiedergefunden hatte." Ich konnte auch mit der ältesten Tochter sprechen und fragte sie, ob sie nochmals nach Medjugorje kommen möchte. Darauf erwiderte sie: „Ja, ich möchte gerne wieder nach Medjugorje zurückkehren." Als ich sie nach dem Grund befragte, antwortete sie: „Es ist wegen der Atmosphäre. Die Menschen sind hier ganz anders. Ich erlebe hier Frieden, ich bin gerne in Medjugorje." Als ich sie fragte, ob das viele Beten und der lange Gottesdienst sie nicht langweile, antwortete sie: „Nein, das macht mir nichts aus." Der Vater erklärte mir, dass er evangelisch getauft wurde, aber ich hatte nach diesem Gespräch den Eindruck, dass die Pilgerreisen ihn in seinem Glauben sehr gestärkt und ihm Trost und Frieden gebracht hatten.

25. Ich habe als Atheistin alles ausprobiert, aber ich fand im katholischen Glauben den Sinn meines Lebens

Mit vierzehn Jahren nahm meine Interviewpartnerin Abschied vom katholischen Glauben und ging sonntags nicht mehr in die Kirche. Sie nahm sich alle Freiheit, um ihr Leben zu genießen. Jede Autorität wurde in einer langen Trotzphase abgelehnt. Sie schilderte: „Ich probierte alles aus, was mir

Spaß machte: Sex, Drogen, Alkohol, Kneipen, Rockkonzerte, Diskotheken und wechselnde Freunde. Von meinen Eltern hörte ich zum ersten Mal das Wort ‚Medjugorje'. Sobald dieses Wort erwähnt wurde, reagierte ich entweder aggressiv oder spottete darüber. Am Palmsonntag fuhr meine Mutter zusammen mit Verwandten nach Medjugorje. Auf die Einladung mitzufahren, reagierte ich sehr ablehnend, denn ich wollte von diesem Ort nichts wissen. Seltsamerweise saß ich dann einen Tag nach der Abreise meiner Verwandten doch im Zug Richtung Süden. Nach fast 30 Stunden Fahrt kam ich sehr gereizt in Medjugorje an. Dort ärgerte ich mich darüber, dass ich die lange Reise gemacht hatte, denn mich interessierte dieser Ort überhaupt nicht. Ich machte mir selbst Vorwürfe. Als ich die Herberge meiner Mutter suchte, begegnete ich einem Franziskanerpater, der mich fragte, warum ich hierher gekommen sei. Trotzig antwortete ich: „Ich weiß es selbst nicht. Die Erscheinungen interessieren mich überhaupt nicht, weil ich nicht an Gott glaube." Der Pater erwiderte: „Ich bin froh, dass Sie hier sind! Alles andere wird die Gottesmutter erledigen!" Aus Langeweile ging ich abends in die Kirche. Als Atheistin war mir alles eine einzige Qual. Am Gründonnerstag ging ich meiner Mutter zuliebe in die Seitenkapelle der Pfarrkirche. Dort war das Allerheiligste zur Anbetung ausgesetzt. Ich lümmelte am Boden, weil ich das Knien hasste. Dann sang eine deutschsprachige Pilgergruppe das „Heilig" von Schubert. In diesen Augenblicken geschah etwas mit mir, was ich nicht beschreiben kann. In einem einzigen Moment schenkte mir Gott den Glauben. In Sekunden wurde mir bewusst, dass es einen Gott gibt, der Mensch wurde, der für uns am Kreuz starb und der jetzt in dieser Hostie anwesend war. Diese plötzliche Erkenntnis veranlasste mich, hemmungslos zu weinen. Es dauerte Tage, bis ich mich einigermaßen beruhigen konnte. Ich durfte Gottes barmherzige Liebe erfahren. Am Karsamstag beichtete ich und konnte zum ersten Mal in meinem Leben Ostern feiern. Es war eine zweifache Auferstehung: Jesus war von den Toten auferstanden, aber auch ich war vom Tod auferstanden."

Ich wollte etwas über die Ziele dieser bekehrten Frau erfahren, worauf sie mir Folgendes sagte: „Seit meiner Bekehrung hat sich mein Leben vollständig verändert. Ich bin ein glücklicher Mensch. Die tägliche heilige Messe ist für mich zum Höhepunkt meines Lebens geworden. Seit einiger Zeit lebe ich in Italien in einer Gemeinschaft, die sich „Oase des Friedens" nennt. Hier versuchen wir, die Botschaften der Gottesmutter von Medjugorje zu leben. Ich habe mein Leben Gott geweiht, damit er sich der hartnäckigen Sünder erbarme, so wie Er sich meiner erbarmte."

Man vergegenwärtige sich noch einmal die fast unglaubliche Situation: Eine Atheistin wird in wenigen Sekunden von ihrem Unglauben geheilt und findet dadurch Liebe, Geborgenheit, Glück und Verantwortung für andere.

26. Durch den Glauben fand Justyna den Weg aus Hexenwahn und Satanskult

Im Sommer 2001 berichtete Justyna über ihre grauenvolle Vergangenheit: „Ich stamme aus einer polnischen katholischen Familie, aber der Glaube wurde von meinen Eltern nicht gelebt. Man ging oft zur Kirche und es wurde auch gebetet, aber das wirkte sich nicht auf das Leben meiner Eltern aus. Mein Vater war krank und oft zu Hause. Es kam vor, dass er sehr aggressiv und handgreiflich zu meiner Mutter und uns Kindern wurde. Meine Mutter ließ mich als Kind häufig allein, weil sie sehr viel arbeitete. So war ich auch daran gewohnt, allein zu sein. Oft dachte ich darüber nach, was nach dem Tod sein würde. Als ich neun Jahre alt war, zog meine Mutter mit meiner jüngeren Schwester und mir nach Deutschland. Der ganze Reichtum hier faszinierte mich, doch ich war nicht glücklich, weil man mich wegen meiner Aussprache verspottete und ärgerte. Nach einem Jahr kam auch mein Vater hierher. Wir hatten Nachbarn, die uns halfen und denen ich auch vertraute. Doch nach einiger Zeit schauten sie in meiner Gegenwart Pornofilme an, was meine Seele total vergiftete. Als meine Eltern davon erfuhren, sahen sie einfach darüber hinweg. In mir war Ekel, aber gleichzeitig wurde in mir die Neugierde geweckt und ich versuchte ständig, mit diesen Dingen konfrontiert zu werden. Später brachen wir den Kontakt zu diesen Nachbarn ab. Bei einer Wallfahrt mit meiner Mutter lernte ich einen sehr netten Priester kennen, der mich ansprach. Dieser Priester nahm mich öfters zu christlichen Kinderfreizeiten nach Polen mit. Ich erinnere mich, dass ich dort durch den Lobpreis Gottes sehr angerührt wurde. Das versuchte ich in meinem Leben umzusetzen und gründete mit Spielgefährten einen Gebetskreis. Als ich dann im 5. Schuljahr war, hatte ich zum ersten Mal eine richtige Freundin, sie brachte mir bei, wie man sich wehrt und flucht. Wegen meiner Sprache wurde ich immer noch gehänselt, also fluchte ich und verprügelte die anderen. Plötzlich bekam ich Anerkennung und ich genoss meinen ‚Aufstieg'. Ich wurde immer stolzer, wechselte meine Kleidung, schminkte mich und versuchte, die Jungs an mich zu ziehen, was mir auch gelang. Ich wollte immer etwas Besonderes und immer die Erste sein. Doch innerlich fühlte ich mich leer, einsam und unglücklich. In den christlichen Freizeiten, zu denen mich meine Eltern schickten, spornte ich die anderen zum Spaß und zur Sünde an. Wir fuhren auch nach Medjugorje, wo ich Erfahrungen mit Gott machte. In meiner Not flehte ich Maria an, mich nicht verloren gehen zu lassen. Nach einigen Wochen war alles wieder vergessen, und ich ging meinen alten Weg. Mit fünfzehn Jahren wurde ich zu Hause immer rebellischer. Wegen eines Jungen, dem ich gefallen wollte, bewarb ich mich als Model. Damit es auch klappte, bot ich Satan meine Seele an. Nachdem ich das getan hatte, fand ich immer mehr Gefallen am Bösen. Mein Ansehen stieg, mein Freundeskreis wurde immer größer, aber mein Herz wurde auch immer kälter und ich konnte nicht mehr lieben. Ich genoss es, Macht über andere zu haben. Doch in dieser Zeit litt ich an depressiven Angstzuständen, Verfolgungswahn und war ständig aggressiv. Ich lebte im Unfrieden. Das Streben nach Macht und Ansehen war so groß, dass ich das alles in Kauf nahm. Ich studierte Hexenbücher und versuchte, die Stellung einer Hexe einzunehmen. Ich wollte damit jede Frau überbieten können. Oft besuchte ich nächtliche Partys und Discos. Um mich abzulenken, begann ich Drogen zu nehmen. Sonntags, wenn ich zu Hause war, ging ich mit meiner Familie nur deshalb noch in die Kirche, weil ich sonst hätte nicht ausgehen dürfen. Zwischendurch fuhr ich mit einer polnischen Gruppe nach Medjugorje. Anstatt mich aber der Muttergottes anzuvertrauen, gab ich mich mit den einheimischen Jungs ab, sodass die Fahrten keine Früchte mehr trugen. Schließlich langweilten sie mich so, dass ich nicht mehr dorthin fuhr. Ich lebte immer mehr in der Unkeuschheit und hatte kaum noch ein Schamgefühl. Immer wieder hatte ich einen neuen Freund, aber mit keinem war ich zufrieden. Ständig war ich auf der Suche nach Erfüllung, doch obwohl ich alles bekam, was ich wollte, wurde ich immer unzufriedener. Längst hatte ich mich von der katholischen Kirche distanziert. Meine Mutter machte sich Sorgen und betete täglich für mich, weil es mit mir immer mehr bergab ging. Sie bedrängte mich öfters, wieder einmal nach Medjugorje zu fahren, aber ich wollte nichts mehr davon wissen."

Ich wollte in Erfahrung bringen, ob es auch einen Lichtblick in ihrem jungen Leben gab. Darauf erwiderte sie: „Irgendwann dachte ich über das Angebot meiner Mutter nach und plötzlich spürte ich eine große Sehnsucht nach Gott und nach Medjugorje. Nach einigen inneren Kämpfen saß ich dann im Bus und fuhr an diesen Wallfahrtsort. Dort konnte ich zum ersten Mal wieder weinen, ich flehte die Gottesmutter um ihre Hilfe an. Auf der Rückreise erfuhr ich von einer Jugendgruppe, die sich ‚Totus Tuus' nennt, und die zum Jugendfestival im Sommer nach Medjugorje fahren wollte. Als ich wieder zu Hause war, wollte ich mein Leben ändern, doch das gelang mir nicht. Ich entschloss mich dann, zu dem Jugendfestival mit dieser Gruppe zu fahren. Nach dieser Wallfahrt zeigte mir Gott, was ich ändern sollte, und dass er mir durch seine Liebe das schenken wollte, was ich immer gesucht hatte. Statt in die Disco zu gehen, entschied ich mich zu beten. Nach und nach sehnte ich mich nach Reinheit. Allerdings bemerkte ich, dass mich etwas gefangen hielt. Ich konnte in der Gemeinschaft der Gläubigen nicht beten, ich bekam Wutausbrüche vor dem Allerheiligsten und ich wurde gedrängt, die Kirche oder Kapelle zu verlassen. Ich konnte mir das nicht erklären, bis mir einfiel, dass ich meine Seele dem Satan übergeben hatte. Es wurde für mich um Befreiung gebetet. So wurde es immer besser mit mir und ich widersagte dem Teufel. Nun ging ich an den Wochenenden nicht mehr auf Partys, sondern mit der Gruppe ‚Totus Tuus' zu Evangelisations-Wochenenden und Gebetstreffen. Nach und nach wurde ich von meinen Abhängigkeiten, Angstzuständen, von Verfolgungswahn und Aggression befreit. Durch das Gebet und die eucharistische Anbetung machte ich tiefe Gotteserfahrungen. Mein ganzes Leben lang habe ich nach Liebe und Erfüllung gesucht. Seit ich die Botschaften der Gottesmutter von Medjugorje lebe, erkenne ich, dass nur Jesus diese Sehnsucht erfüllen kann. Ich bin der Muttergottes von ganzem Herzen dankbar, dass sie mich trotz allem, was ich getan habe, auf diesen Weg geführt hat. Heute weiß ich, dass meine Berufung die Evangelisation ist, und ich möchte der Muttergottes helfen, viele Seelen für sie zu gewinnen."

Dieses erschütternde Beispiel zeigt, dass durch die Rückkehr zum katholischen Glauben auch die schlimmsten Probleme und Schwierigkeiten beseitigt werden können.

27. Ein Kommunist entdeckt im hohen Alter die Schönheit des katholischen Glaubens

Anatoly war lebenslang ein überzeugter Kommunist gewesen. Er war verheiratet und hatte drei Kinder. Sein jüngster Sohn Dima wurde orthodox getauft und lernte später Nastja kennen, die erst kürzlich zum katholischen Glauben konvertierte. Sie heirateten nur standesamtlich. Erst ihr jahrelanges Leiden der Kinderlosigkeit veranlasste sie, den Segen Gottes für ihre Ehe zu erbitten. Zur kirchlichen Trauung war natürlich auch der Vater eingeladen. Es war für Anatoly das erste Mal, dass er ein Fest in einer Kirche erlebte. Nur zwei Monate nach der kirchlichen Trauung war Nastja schwanger und es kam die hübsche Mila zur Welt, die bald darauf getauft wurde. So kam es, dass Anatoly sich zum zweiten Mal in seinem Leben in einer Kirche wiederfand. Kurz danach wurde Anatoly schwer krank und verlangte in der Klinik nach einem katholischen Priester, um getauft zu werden. Als seine Angehörigen ihm erklärten, welche Gnade er durch die Taufe empfangen hatte, weinte er vor Glück. Der Priester, der ihn erneut besuchte, sagte ihm: „Anatoly, in der Taufe wurden dir von Gott alle Sünden deines Lebens verziehen. Jetzt musst auch du allen vergeben, die dir im Leben Unrecht getan haben, und es ist nötig, auch selbst um Vergebung zu bitten." Daraufhin begann Anatoly erschütternd zu weinen und bedankte sich. Zwei Tage später starb Anatoly friedlich und vollkommen mit Gott und seiner Familie versöhnt.

Quelle: Triumph des Herzens 2016, Nr. 134

28. Ein Atheist will mit 27 Jahren sterben und entgeht durch den katholischen Glauben dem sicheren Tod

Nico berichtete über seine Kindheit und Jugend: „Von klein auf war ich es gewöhnt, sonntags in die Kirche zu gehen, denn der Glaube spielte in unserer Familie schon immer ein große Rolle. So war es für uns Kinder selbstverständlich, das zu tun, was ein gläubiger Katholik tut. Aber dass Gott unter uns ist, dass Gott die Liebe, die Stütze und der Trost ist, habe ich nie wirklich spürbar oder bewusst erfahren dürfen. Je älter ich wurde, desto mehr erkannte ich, was den Menschen in unserer Zeit am wichtigsten ist und was man tun muss, um Liebe und Trost von den Mitmenschen zu bekommen: Es ist das Ansehen, wonach wir streben und um das wir schon als Kinder kämpfen. Schnell lernte ich im Jugendalter, dass dieses Ansehen über den Weg des Glaubens nicht zu erreichen ist, denn wenn man den Glauben bekennt, wird man nur verspottet und verachtet. Doch um von Freunden und Schulkameraden angenommen und gemocht zu werden, musste man ‚cool' sein, keine Gefühle zeigen, lässige Sprüche reißen und einfach eine dicke Maske aufsetzen und nichts und keinen an sich heranlassen, um von keinem verletzt werden zu können. Dass man sich dadurch allerdings von Gott entfernt und ihn verlassen und verleugnen muss, hatte ich weder gewusst noch geahnt.

Die ersten Partys fingen ganz harmlos an – wie das bei allen Jugendlichen so ist: Alkohol, Zigaretten und Mädchen. Erst musste man sich überwinden, doch meine

Hemmschwelle war nie sehr groß. Musik hatte ich schon immer geliebt. Die Rockmusik war sozusagen immer mein Antrieb und mein Tröster und in ihr fand ich meine Vorbilder, die dann von dem Zeitpunkt an, als ich den ‚Heavy Metal' kennenlernte, mein Leben bestimmten. Mit fünfzehn Jahren hatte ich meine erste eigene Band und meine größten Freuden waren die Partys am Wochenende. Die Musik wurde zu meinem größten Götzen. Es dauerte nicht lange, da war ich auch schon jedes Wochenende betrunken und fing langsam an, leichte Drogen auszuprobieren. Ich dachte immer, ich hätte alles unter Kontrolle. Wir wollten Spaß haben, frei sein, uns einfach gehen lassen und immer alles schön locker und cool nehmen. Doch es blieb nicht bei den leichten Drogen und so griff ich auch zu harten Sachen. Als ich ein paar Jahre später erkannte, dass ich ohne Rausch nicht leben konnte, war es zu spät, um auszusteigen. Die Drogen waren mir wichtiger als Essen, Freunde oder Familie. An der Spitze stand die Musik, die es für mich nur in Verbindung mit dem Rausch gab. Zu dieser Zeit wäre das Höchste für mich ein Abgang mit siebenundzwanzig Jahren gewesen, wie ihn einige große Stars der 70er-Jahre erlebten. Ich wollte nur kurz leben, aber so intensiv wie möglich, und dann früh an einer Überdosis sterben. Ernsthaft hatte ich gedacht, dass dies das Höchste sein muss und es niemals etwas Höheres für mich geben könnte als den täglichen Kick (Rausch) bis kurz vor der Ohnmacht."

Als ich von ihm wissen wollte, wie es zu der entscheidenden Wende in seinem Leben kam, erzählte er mir: „Meine Mutter hatte schrecklich unter meinem Zustand gelitten. Da ich zu Hause nicht mehr mit meiner Familie zurechtkam, musste ich ausziehen. So konnte sie nur noch für mich beten. Jedesmal, wenn ich nach Hause kam, erzählte meine Mutter mir von Medjugorje, dass die Muttergottes dort erscheine und ich doch einmal hinfahren solle. Ich habe mich darüber kaputtgelacht und meiner Mutter gesagt, dass ich so etwas nicht brauchte. Ich glaubte zwar an Gott, aber ich brauchte dafür nicht in die Kirche zu gehen und erst recht nicht zu beten. Als meine Mutter mich dann irgendwann fragte, ob ich denn Angst hätte, in Medjugorje zu erfahren, dass alles wahr ist, was man über den Ort und die Geschehnisse dort erzählt oder ob ich vielleicht Angst hätte, mich zu ändern, wollte ich ihr beweisen, dass niemand mich und meine Einstellung ändern könne. Ich sagte ihr: ‚Gut, ich fahre, aber du wirst sehen, wenn ich zurückkomme, werde ich nicht in die Kirche gehen und nicht beten!' Doch ich hatte Angst – eine Vorahnung! Ich wusste, dass etwas passieren würde. Dann saß ich im Sommer 1997 mit circa siebzig Jugendlichen im Bus, der uns nach Medjugorje brachte. Ich war ziemlich benommen und alle nervten mich mit ihrer Fröhlichkeit, Freundlichkeit und Nächstenliebe. In mir entstand ein gewaltiger innerer Hurrikan. Wenn ich nüchtern war, war ich depressiv – erst recht, wenn ich nicht unter Gleichgesinnten war, sondern unter denen, die ich hasste, die ich immer abgelehnt hatte, weil sie vernünftig waren, weil sie gut waren und man ihnen ansah, dass sie mit ihrem Leben zufrieden und voller Freude waren. Ich konnte nie fröhlich sein, obwohl ich so gerne von Herzen hätte lachen können wollen – und ich wollte frei sein von meiner

Abhängigkeit, die meine einzige Freude war und mir doch so viel Probleme bereitete. Auf dieser Fahrt nach Medjugorje erkannte ich, dass mein Leben falsch war, dass ich mit meinen neunzehn Jahren schon völlig kaputt war und, wenn ich so weitermachte, ich nicht einmal siebenundzwanzig werden würde. Bereits auf der Fahrt hatte sich so viel in mir geregt, vor allem durch den Lobpreis, die Zeugnisse und das viele Gebet, dass ich noch am gleichen Tag beichten gehen musste. Ich hielt diesen Schmerz in mir nicht mehr aus. Ich hatte keine andere Wahl, als die dicken Brocken über Bord ins tiefe Meer zu werfen. Und tatsächlich ging es mir nach der Beichte schon viel besser. Am nächsten Tag in Medjugorje gingen wir auf den Erscheinungsberg. Vor dem Holzkreuz auf halber Höhe blieben wir stehen. Es wurden Lieder gesungen und jemand sagte: „Geht hin zu dem Kreuz und lasst alles da, was euch bedrückt, all eure Schwierigkeiten!" Davon hatte ich genug. So ging ich hin, legte meinen Kopf an dieses Kreuz und betete: „Herr, mach mich frei, nimm den Schmerz und die Sucht von mir!" Im gleichen Augenblick strömte ein heißer, unbeschreiblicher Strom durch meinen ganzen Körper. Ich fing an zu zittern und heftig zu atmen. Zum ersten Mal in meinem Leben spürte ich: Gott ist die Liebe und er liebt dich. Dies war so unglaublich stark, so mächtig. Durch verschiedene Drogen hatte ich viele überirdische Zustände erfahren. Von diesem Tag an wusste ich aber: Nichts kommt der Liebe Gottes gleich, es gibt nichts, was höher ist, keinen schöneren und besseren Zustand, als von Gott geliebt zu werden. Der Heilige Geist reinigte mich gründlich. Ich hatte kein Bedürfnis mehr nach Drogen, ich war frei, wirklich frei! Als wir oben ankamen, fand ich eine Wundertätige Medaille. Ich wusste von da an, dass die Muttergottes dort ist, und ich wollte in Zukunft meinen Weg mit ihr gehen."

Als ich fragte, wie seine alte Umgebung ihn danach aufnahm, berichtete er: „Zuhause war es ziemlich schwierig, den Leuten beizubringen, dass ich für Gott leben wollte. Ich war voller Feuer, ich wollte beten, fasten, beichten, in die hl. Messe gehen und jeden Tag in der Bibel lesen. Meine Freunde hielten mich für verrückt. Manche dachten aufgrund von Drogen hätte ich jetzt total abgedreht oder ich wäre in eine Sekte geraten. Zwei Monate war ich stark und bemühte mich, die Botschaften der Muttergottes in meinem Leben umzusetzen, doch dann war der Druck meiner Kameraden so stark, dass ich mehr oder weniger dazu überredet wurde, Kompromisse zu schließen. Ich machte dann einfach wieder mit. ‚Es ist ja nur heute', habe ich mir gedacht, Gott wird es verstehen. Doch der kleinste Kompromiss führte im Endeffekt zum Fall. Nach dem Fall war das Aufstehen zwar schwer, doch die Beichte half mir wieder neu auf. So fuhr ich dann immer in meinen Ferien nach Medjugorje. Meine Liebe zu Gott wuchs immer mehr, wie auch die Sehnsucht nach Heiligkeit. Und irgendwann fiel dann die Entscheidung, voll und ganz für Gott zu leben – alles für Ihn zu geben – mich täglich in der hl. Messe von unserem Herrn umarmen zu lassen. Heute weiß ich: Gott heilt! Jeden Tag darf ich neu anfangen und durch seine Gnade die Freude des Himmels erfahren – auch wenn es oft schwer ist.

Seit letzten Sommer beten wir gemeinsam in meiner Familie. Der Friede ist eingekehrt und nach neunzehn Jahren konnte ich sagen: Ich liebe meine Eltern und Geschwister und bin ihnen für alles dankbar. Mit den alten Freunden, die so zahlreich waren, konnte ich bald nichts mehr anfangen. Viele von ihnen waren plötzlich gegen mich oder kannten mich nicht mehr. Doch der Herr schenkte mir neue Freunde, Menschen, die mir halfen, den Weg zu Gott zu finden und immer wieder aufzustehen. Menschen, die vor allem für mich gebetet haben und ohne deren Hilfe ich jetzt nicht dastehen würde, wo ich stehe. Heute bin ich fast jedes Wochenende mit vielen Leuten von ‚Totus Tuus' unterwegs in den Gemeinden Deutschlands, um auch andere Menschen, besonders Jugendliche, an unseren Erfahrungen teilnehmen zu lassen."

29. Nach drei Selbstmordversuchen fand Tibor Liebe und Geborgenheit in der katholischen Kirche

Als ich dem Jugendlichen Tibor im Ausland begegnete, berichtete er über seine traurige und schlimme Kindheit und Jugend. Bis auf die letzten Monate war sein bisheriges Leben ein einziger Horrortrip. Als er ein Jahr alt war, wurde seine Mutter zu zwölf Jahren Gefängnis verurteilt. Da sein Vater nicht mehr lebte, wurde er in ein Erziehungsheim gesteckt. Hier erlebte Tibor Spott und Isolation. Als seine Mutter ihre Strafe verbüßt hatte, lebte sie mit einem Trinker zusammen, der sie oft verprügelte. Tibor beschreibt seinen Leidensweg so: „Die Erfahrungen, die ich im Erziehungsheim und später bei meiner Mutter machte, waren schrecklich. Ich begann, die Menschen zu hassen. Als meine Mutter mich hinauswarf, musste ich wieder in ein Erziehungsheim. Ich wurde psychisch krank und schnitt mir die Pulsader auf. Die Ärzte konnten mich retten. Ein anderes Mal schluckte ich 500 Tabletten, doch ich musste sie erbrechen und blieb am Leben. Als mich eine Jugendpsychologin in einem Raum einschloss, geriet ich in Panik und stieß mir ein langes Messer in den Bauch. Wieder konnten die Ärzte mich retten, doch ich wurde in eine psychiatrische Klinik eingewiesen. Ein gläubiger Arzt bewahrte mich vor dem Irrenhaus. Durch einen Beschluss des Vormundschaftsgerichts kam ich in eine gläubige Familie. Sie versorgte mich kostenlos. Meine Pflegeeltern ließen mich katholisch taufen. Ich hatte damals viele Komplexe, litt unter Einsamkeit und schweren Depressionen. Meine Pflegemutter betete viel für mich. Sie bat mich, nach Medjugorje zu fahren. Als ich dort war, saß ich grübelnd und zweifelnd vor der Kirche. Es kamen Pilger zu mir und während unserer Gespräche wurde ich plötzlich sehr glücklich und erlebte einen tiefen Frieden. Überall traf ich Menschen, die in mir die Liebe zum Nächsten weckten. Doch bald verfiel ich wieder in schwere Depressionen. Ich weinte und weinte, dabei machte ich der Gottesmutter schwere Vorwürfe. Ich fragte sie: ‚Warum lässt du mich so weinen, wenn du hier bist?' Da kam ein Pater auf mich zu, legte mir die Hände auf den Kopf und segnete mich. Nach diesem Segen fühlte ich eine große Erleichterung. Ich war glücklich und spürte eine aufrichtige Liebe zu den Mitmenschen."

Als ich mich nach seinen Zukunftsplänen erkundigte, erwiderte er: „Am letzten Tag vor der Abreise meines ersten Besuches in Medjugorje durchlitt ich schreckliche Seelenqualen. In dieser Verfassung begab ich mich auf den Erscheinungsberg. Dort weinte ich wie nie zuvor in meinem Leben. Langsam näherte ich mich dem großen Kreuz und legte meine Hand auf die Füße des Gekreuzigten. Plötzlich spürte ich einen heftigen Windstoß, der das Kreuz hin und her bewegte. In dieser Stunde erwachte in mir die Sehnsucht nach dem Priesterberuf."

Als ich mich nach seinem gegenwärtigen Befinden erkundigte, antwortete er: „Ich leide heute nicht mehr unter der Einsamkeit, weil ich Gott und Maria gefunden habe."

Als er mir berichtete, dass er bereits vier Monate nach seinem ersten Besuch erneut nach Medjugorje gefahren sei, wollte ich den Grund erfahren. Spontan erwiderte er: „Ich bin an diesen Gnadenort gepilgert, um für meine Ganzhingabe an Gott als Priester zu beten. Immer deutlicher spüre ich den Wunsch, die Menschen zum Glauben an Gott zu führen. Seit meiner ersten Pilgerfahrt nach Medjugorje fühle ich mich gedrängt, den Menschen im Glauben zu helfen."

Der katholische Glaube heilte die schweren Verletzungen und Verwundungen in der Seele des Jugendlichen. Ich bin fest davon überzeugt, dass dieses geheilte Herz eines Siebzehnjährigen einmal viel Verständnis für die aufbringen wird, die in Not und Elend leben müssen.

Tief beeindruckte mich die grauenhafte Narbe am Handgelenk meines Gesprächspartners, die an den ersten Selbstmordversuch erinnerte.

30. Ein Kirchenräuber und Drogensüchtiger findet den Weg zum katholischen Glauben

Michael schrieb aus dem Gefängnis einen erschütternden Brief, darin berichtete er über sein verpfuschtes Leben und über seinen neu gefundenen Glauben: „Ich mag Paulus sehr. Als Apostel durfte er in der Liebe zu Jesus Christus durch Wort und Tat mit einer Kraft dienen, die wie eine Quelle aus ihm heraussprudelte. Und wenn man bedenkt, was für ein Christenhasser er einst gewesen war! Ja, auch ich bin eine Missgeburt, wie es Paulus von sich selbst sagte. Ich habe zwar nicht die Christen verfolgt, doch habe ich in meiner Drogenzeit in der Kirche Gottes Geld gestohlen. Überall bin ich eingebrochen und war gewalttätig – auch in Worten zu Menschen, die mir in meiner Sucht helfen wollten. Viermal bin ich im Maßregelvollzug ausgebrochen. Meine letzte Flucht war vor acht Monaten, als ich in F. im Gefängnis war. Ja, Gott hat mich am Leben erhalten. Durch Gottes Gnade bin ich, was ich bin, und sein gnädiges Handeln an mir ist nicht ohne Wirkung geblieben. Seit vier Monaten nehme ich keine Tabletten mehr gegen meine Anfälle. Ich habe sie ohne ärztlichen Rat einfach weggelassen und habe seitdem auch keine Anfälle mehr. Und mein Blut, das durch die Benutzung fremder Nadeln mit dem Hepatitis-C-Virus verseucht war, ist vollständig geheilt. Immer wieder hatten mir viele Ärzte gesagt, dass ich bis in den Tod Träger des Virus sein werde. Zweimal wurde ich wegen des Blutbildes untersucht. Doch da war nichts mehr zu erkennen, was auf diese Krankheit hingedeutet hätte."

Michael hat einen unglaublichen Wandel durch die Hilfe Gottes und die Emmaus-Gemeinschaft erfahren. Selbst bemühte er sich nun fieberhaft, einer drogensüchtigen und verzweifelten Frau zu helfen. Er schrieb ihr Briefe, um ihr mitzuteilen, dass nur in der Liebe Jesu Christi der Weg zur Heilung sei. Mit betendem Herzen hoffte er, dass auch sie die Gnade der Befreiung empfange. Tief bewegt schilderte er: „Ihr Herz blieb verschlossen. Ihre Augen sagten mir, dass sie an alles andere glaubte, aber nicht an das Heil durch Jesus Christus. Das Leid war sicher groß in ihr, doch sie fand hinter ihrer Menschenstirn nicht den Weg zum Herzen. Sie konnte nicht verstehen, welch wunderbare Kraft im Glauben verankert ist. So vergiftete sie sich immer mehr mit Drogen. Es tat weh!"

Dieser Bericht aus der JVA zeigt sehr drastisch, dass durch den katholischen Glauben die Wege zum Heil geebnet werden. Wer diesen Weg nicht beschreitet, findet nicht aus dem Chaos und sucht weiter nach Möglichkeiten, die keinen Erfolg bringen.

Quelle: Emmaus-Rundbrief

31. Mein Weg führte mich von der Esoterik zur Astrologie und zum katholischen Glauben

Über eine fast unglaubliche Wende berichtete mir ein katholischer Pfarrer: „Ich wurde evangelisch getauft. Als ich 16 Jahre alt war, bekam ich im Fach Religion die Note 6. Diese Bewertung war die Ursache dafür, dass ich aus der Kirche austrat. Ich wandte mich der Transzendentalen Meditation zu und hatte bald Kontakt zur Esoterik. Danach studierte ich Soziologie und machte Bekanntschaft mit dem dialektischen Materialismus von Karl Marx.

Ich eröffnete mit einer Freundin einen Buchladen über Esoterik, führte ein sehr freizügiges Leben und wechselte häufig die Partnerinnen. Ein Astrologe erklärte mir, dass mein Horoskop ein sinnvolles Leben offenbare. Darauf befasste ich mich intensiv mit Astrologie und gab Kurse in diesem Fach. Ich wurde Mitbegründer einer Gesellschaft, die als Ziel hatte, die geistige und physische Gesundheit des Menschen zu fördern. Aus unerklärlichen Gründen wurde ich an einem Ostermontag innerlich gedrängt, auf das Kreuz Jesu zuzugehen und es anzunehmen. In unserer Gruppe, die ich mitbegründet hatte, war eine katholische Frau. Sie hatte ähnliche Erfahrungen wie ich gemacht und erklärte mir, dass ich in der katholischen Kirche die Möglichkeit hätte, Gott im Wort und in der Eucharistie zu begegnen. Ich ging monatelang zur hl. Kommunion in dem Bewusstsein, Christus zu begegnen ohne irgendeine Vorbereitung. Als ich erfuhr, das meine täglichen Messbesuche im Widerspruch zur Lehre der katholischen Kirche standen, war ich sehr erschrocken und suchte ein Gespräch mit einem katholischen Geistlichen. Danach nahm ich an einem Konvertitenunterricht teil und wurde bald in die katholische Kirche aufgenommen. Jemand zeigte einen Videofilm über den Gnadenort Medjugorje. Plötzlich sehnte ich mich nach diesem Erscheinungsort. Bald hatte ich Gelegenheit diesen Ort zu besuchen. Das Charisma der dortigen Franziskaner beeindruckte mich sehr. Nach meiner Rückkehr aus Medjugorje wurde mir die Kälte in unserer

Pfarrgemeinde erst richtig bewusst. Diese Kälte in unserer Pfarrei brachte mich dazu, Alternativen zu suchen, die dem Geist von Medjugorje entsprachen."

Mein Gesprächspartner berichtete mir auch über seine Erfahrungen mit der „Marianischen Priesterbewegung" und deren Ziele. Er schilderte mir außerdem seine Begegnung mit Pater Jozo Zovko, der Pfarrer in Medjugorje war, als dort die Marienerscheinungen in den 1980er-Jahren begonnen hatten: „Ich sprach mit ihm und anderen Priestern über meine Zukunft und über meinen Platz in der Kirche. Nach diesen Gesprächen entschloss ich mich, mit dem Theologiestudium zu beginnen. Heute weiß ich, dass das, was als Saat in Medjugorje in mich hineingelegt wurde, zur Entfaltung gekommen ist. Ich bin sicher, das ich in Medjugorje eine himmlische Mutter bekommen habe, die ich vorher nicht kannte. In Medjugorje habe ich die Gnade einer guten Lebensbeichte empfangen. Ich habe den Verein, den ich damals mitbegründet habe, bei meinem Besuch in Medjugorje der Gottesmutter geweiht. Im späteren Verlauf gab es bei einigen Mitgliedern unerklärliche Austritte oder spontane Bekehrungen zum katholischen Glauben. Meine Begegnung mit Maria bedeutet mir sehr viel, denn durch sie fand ich Frieden, Schutz, Geborgenheit, Vertrauen und Liebe."

Aus unserem Gespräch wurde deutlich, dass er seine Berufung zum Priestertum hauptsächlich dem Gnadenort Medjugorje zu verdanken hat.

32. Ein ranghoher Freimaurer findet den Weg zum katholischen Glauben

Dass ein Freimaurer des höchsten Grades einen Einblick in den weltweit organisierten Geheimbund gibt, kommt so gut wie fast nie vor. Doch Burkhardt Gorissen hat genau das gemacht. Als Vorsitzender des berüchtigten Schottischen Hochgradritus und als Großredner blickte er wie kaum ein anderer hinter die Kulissen der Freimaurerei. Nach langjähriger Logenarbeit entlarvte er die wahren Hintergründe der angeblichen Humanität der Freimauerei und enthüllte schonungslos ihre Welt der dunklen Mächte. Ein anonymer Anrufer gab ihm nach seiner Bekehrung zu verstehen, dass die Freimaurer zwar den Verrat lieben, aber nicht den Verräter. In dem Freimaurerischen Eid gelobt denn auch der Aufgenommene, eher zu sterben, als Verrat zu üben. Gorissen, der seine Erfahrungen in dem Buch „Ich war Freimaurer" offenlegt, betont aber, dass dies kein Verräter-, sondern ein Bekenntnisbuch sei. Zunächst nennt er einige bekannte Persönlichkeiten der Freimaurerei wie Washington, Voltaire, Rousseau, Danton, Robespierre, Friedrich der Große, Goethe, Mozart, Rathenau, Stresemann und andere Persönlichkeiten.

Auf seinem Lebensweg nahm Burkardt Gorissen Abschied von seinem katholischen Glauben und begab sich auf den Weg der Humanität, die in der Freimaurerei eine ganz wichtigte Rolle spielt. Er schildert: „Was hatte die Kirche entgegenzusetzen? Nichts, außer frommen Legenden und Mythen, dachte ich. Die Freimaurerei würde das Echte offenbaren, ja, sich selbst als das Echte erweisen." Seine zwölfjährige Zugehörigkeit brachte ihn an die Spitze des Geheimbundes. 2004 wurde er Meister vom Stuhl der Kölner Loge „Zum ewigen Dom" und gleichzeitig Vorsitzender des Alten und Angenommenen Schottischen Ritus in Köln. 2006 wurde er auf dem Großlogentag in Hannover zum Großredner der Großloge der Alten Freien und Angenommenen Maurer von Deutschland gewählt und übte diese Tätigkeit bis zu seinem Abschied von der Freimaurerei im April 2008 aus.

Die Einblicke und Enthüllungen, die uns Gorissen gewährt, sind für suchende Menschen eine große Hilfe. Als er im 32. Grad den Höhepunkt seiner Karriere erreicht hatte, schrieb er: „Dem Maurer wird nicht das Licht gegeben, er wird hinter das Licht geführt. Die Schwäche der synkretistischen Systeme, von der Freimaurerei bis zur Stiftung Weltethos, liegt im beliebigen Nebeneinanderstellen von Religionsstiftern und Gründern von Philosophenschulen." Dann folgt eine Liste von berühmten Namen wie Konfuzius, Zarathustra, Buddha, Moses, Sokrates, Hermes, Platon, Jesus von Nazareth und Mohammed. Gorissen bezeichnet die Aufzählung als ein fröhlicher ritueller Zitatenbrei und am Schluss wird darauf verwiesen, der „Meister von Morgen" trage alle diese Namen. Das glaubt man als Freimaurer, erst dann ist man ganz in seinem Element."

Mit dem Erwerb des 32. Grades, dem letzten im Hochgradsystem des Schottischen Ritus, erlangt Burkhardt Gorissen eine Stellung, die ihm hohes Ansehen bringt und einen genauen Überblick in die verborgene Welt der Freimaurerei gewährt. Die Freimaurer berufen sich gern auf die Errungenschaften der Französischen Revolution und die

Aufklärung. Voltaire, einer der einflussreichsten Denker der französischen Aufklärung, hat bereits im 18. Jahrhundert die Parole zur Ausrottung der katholischen Kirche ausgerufen. Unter dem Deckmantel von Toleranz und Humanität predigt er die radikale Gottesverneinung. Das Gesetz wird zur Staatsreligion. Freiheit, Gleichheit und Brüderlichkeit sollen Vater, Sohn und Heiligen Geist ersetzen. Gorissen kommt zu der Überzeugung, dass unsere Gesellschaft eine Aufklärung über die Aufklärung benötigt, um den radikalen Antiklerikalismus und die Pseudoreligion der Vernunft zu durchschauen. Anlässlich der Beerdigung eines Freimaurers kommt Gorissen zu dem Fazit: „Hier wie da bleibt die Frage nach den letzten Dingen ungeklärt. Ein Leben ohne Hoffnung auf Erlösung. Der verborgene Gott der Freimaurer ist als teilnahmsloser Baumeister Herrscher des Dunkels, des Nichts, eine zutiefst antichristliche Erscheinung. Freimaurer leben ohne Hoffnung auf Erlösung. Alles Göttliche wird in den Bereich der Fantasie verwiesen oder bleibt jedem selbst überlassen." „Was für den Christen der Himmel, das ist für den Maurer der ‚Ewige Osten', dieser bezeugt im Wesentlichen die Begrenztheit auf das Irdische. Nur weil die Völker aus dem Osten das Licht empfangen, bedeutet das im Maurerdenken, dass der Tote dorthin eingeht. Der ‚Ewige Osten' entbehrt jeder näheren Beschreibung." Nach seinen Recherchen kommt Gorissen zu dem Schluss: „An der freimaurerischen Lehre ist alles falsch, weil sie den Menschen ohne göttlichen Beistand vervollkommnen will, als müsste man nur an sich arbeiten. Umgekehrt ist es, man muss mit und für Gott arbeiten. Wieder wurde ein Stück Sandbank weggespült, auf der ich meine freimaurerische Festung errichtet hatte. Der Freimaurer hat den Glauben an Gott verloren und merkt es nicht einmal."

Gorissen spricht von seiner Angst, die er als Mitglied in der Großloge immer wieder erlebt, und schreibt: „Beim letzten Krankenhausaufenthalt meiner Mutter spürte ich dieses Vertrauen, Gott um die Kraft zu bitten, meine Angst auszuhalten. Als Freimaurer fällt man auf sich selbst zurück, als Christ fällt man in die Hand Gottes."

Gorissen wurde im Jahr 2008 von der Frau eines alten Freimaurers, der im Sterben lag, angerufen und um einen Besuch gebeten. Die letzten Worte des Maurers waren: „Wir sind die Saat und die Ernte. Die Frucht ist unser Leben. Und am Ende legen wir Rechenschaft ab. Gestern war ein Priester hier. Ich habe mich geweigert, mit ihm zu reden. Ich dachte, man kann die letzten Dinge nicht beeinflussen. Gleich wird der Priester wiederkommen. Ich bat meine Frau, ihn noch einmal zu rufen. Als ich zwanzig wurde, brauchte ich Gott nicht mehr. Deshalb bin ich aus der Kirche ausgetreten. Ich habe mich mehr als sechzig Jahre geirrt. Ich werde dem Priester sagen, was mir auf der Seele brennt. Er wird mich segnen. Vorher werde ich keinen Frieden finden." So fand ein Freimaurer, der sich Jahrzehnte von Gott entfernt hatte, durch den katholischen Glauben den Weg zu seinem himmlischen Vater, fand Geborgenheit, Liebe und Frieden.

In seinem Werk bringt Gorissen Beispiele über die Haltung der Freimaurerei zur katholischen Kirche. Er schreibt: „Was die offizielle Freimaurerei geflissentlich unterschlägt, ist die Tatsache, dass sich führende Freimaurer kirchenfeindlich bis zum nackten Hass äußerten."

Als Großredner und Propagandachef in Sachen Freimaurerei spürt Gorissen, wie er immer mehr an seine Grenzen gelangt. Er berichtet: „Zu viele Fragen von allen Seiten prasselten auf mich ein. Halb zehn Großlogenratssitzung. Übliches Geplänkel. Mein Ohr blieb zugeklappt. Abends im Hotel saßen einige Brüder in der Bar. Mich entschuldigte meine Migräne. Über Nacken und Stirn zogen sich die Schmerzen wie eine Kapuze. Im Bad benetzte ich mein fieberndes Gesicht unter dem laufenden Wasser. Zum ersten Mal kam mir in furchtbarer Klarheit der Gedanke, ich müsste dem Ganzen ein Ende bereiten.“ Einige Zeit später notiert er: „An diesem Wochenende versuchte ich, mich mit Medikamenten zu beruhigen. Montags Arztbesuch. Blutdruck 210 zu 120. Beim Arzt sirrten die Alarmglocken. Das hieß fortan, Beta-Blocker einnehmen. Ich fühlte mich eigentlich nur ausgelaugt. Alles geschah nun in Zeitlupe. Doch die scheinbare äußerliche Langsamkeit entsprach nicht meiner inneren Aufgewühltheit.“ Wenig später stellt er fest: „Mitunter lähmte die Vertaubung meine rechte Gesichtshälfte. Es kam mir vor, als hätte sich etwas verschoben. Ich hielt den Mund schief, die Nase, kniff ein Auge zu. Das schiefe Innenbild hatte sich nach außen gestülpt. Mein rechtes Ohr klappte zu, mein Gehörsinn nahm ab, die Nackenverspannung zu. Es kam schlimmer: Ende August, als ich noch schnell einen Artikel verfassen musste, spürte ich verstärkt den Druck. Ich merkte, wie langsam die Buchstaben vor meinen Augen verschwammen. Anzeichen von Übermüdung, dachte ich. Doch als ich mich umdrehen wollte, spürte ich plötzlich einen Schlag, so, als hätte jemand seine Faust gegen meinen Hinterkopf gedonnert. Ich stand auf, taumelte. Alles drehte sich, als hätte ich zuviel Alkohol getrunken, statt Wasser und Cola. Das Drehen wurde schlimmer." Im Krankenhaus erinnert er sich: „Ich merkte, wie es dunkler wurde, zugleich glaubte ich, nach hinten zu kippen. Meine Angst nahm zu. Ich zitterte am ganzen Leib, fror, obwohl mir Schweiß auf der Stirne stand. Mit der Angst verstärkte sich mein starker Brechreiz. Mein Atmen wurde hektischer, flacher. Mein Herz raste. Ich hatte nicht das Gefühl, mich in meinem eigenen Körper zu befinden. Mein Körper war nur noch eine Hülle. In meinem Inneren riss ein Loch auf, aus dem Angst sprudelte. Mir wurde schwarz vor Augen." Danach verlor Gorissen das Bewusstsein. In einem hellen Licht sah er Gestalten. Klar konnte er seinen Vater, seine Großmutter, die Jungfrau Maria und Jesus sehen. Darüber berichtet er: „Hier geschah, wovon die Freimaurer träumten, Raum und Zeit hoben sich auf. Ich sah Maria, die Immerwährende Hilfe, ihren Blick ohne Strenge, nur Liebe. Da wusste ich, es gibt keinen ‚Ewigen Osten', kein von Menschenhand erdachtes Gebilde. Ich sah, wie man versuchte, einem Mann die Seele aus dem Leib zu schlagen, was nicht gelang. Also bürdete man ihm ein Kreuz auf. Als ich sein Gesicht sah, fuhr ich zusammen. Jesus trug mein Kreuz. Ein Stich traf mich ins Herz."

Allmählich kehrte das Bewusstsein wieder zurück und langsam erholte sich der Körper von den vielen Strapazen. Die vielen Untersuchungen ergaben, dass alles ohne Befund war. Gorissen wurde sich darüber klar, dass er sich selbst blockierte. Um leer zu werden, räumte er sein Zimmer aus und ließ nur ein Kruzifix, die Kevelaer-Madonna und ein Bild von der Immerwährenden Hilfe zurück. Nach diesem Befreiungsschlag betete er viel, um seine Ängste loszuwerden. Als er am Ostersamstag 2008 zur Osternachtsfeier aufbrach, war sein Bruch mit der Freimaurerei besiegelt. Und während die brennende Osterkerze in die Kirche hineingetragen wurde, spürte er die Kraft des wahren Lichtes, die Kraft des katholischen Glaubens, die alle Finsternis besiegt. Nach einer Beichte besuchte er den bekannten Wallfahrtsort Kevelaer. Seine Eindrücke dort schildert er mit den Worten: „Das, was meine Augen sahen, war mit der Hinwendung zu Gott erworben, mit Glauben. Ich hatte einen Teil meines Lebens aufgegeben, um den Glauben leben zu können. Ihn zu erfahren, galt es, in seinen Reliquien, seiner Unmittelbarkeit, die sich im Tabernakel zeigt, der äußersten Nähe Gottes. Ruhig kniete ich in der Gnadenkapelle vor dem Bildnis der Madonna von Kevelaer. Ich fühlte mich innerlich leicht wie seit Langem nicht mehr. Ich sah die Abendsonne. Ein Licht in der tiefen Nacht der Seele. Ich spürte, wie es mich erhellte, das innere Licht wurde von einem anderen Licht durchstrahlt. Ich wurde von Freude durchströmt. Die stete Spannung, die mich im Bann hielt, war von mir abgefallen. Vor zwölf Jahren wollte ich wesentlich werden, so, wie es Angelus Silesius forderte. Jetzt war ich angekommen. Jetzt konnte ich nach Hause!"

Burkhardt Gorissen hat seinen Leserinnen und Lesern einen tiefen Einblick in die Welt der Freimaurerei gewährt. Nachdem er seinen katholischen Glauben wiedergefunden hat, gibt er zu bedenken: „Die Freimaurerei stellt sich als hohle Ideologie dar, sie bleibt ein Fantasiegebilde und kann schließlich nur zum Scheitern führen." Ein Priester gibt ihm zu bedenken: „Die Mitgliedschaft in der Freimaurerei ist mit dem Christentum nicht vereinbar. Jedes Mitglied einer Freimaurerorganisation lebt in schwerer Sünde. Die Beichte kann ich Ihnen erst abnehmen, wenn sie ausgetreten sind."

Hier wird die ganze Tragweite der Zuwendung zur katholischen Kirche offenbar, der Freimaurer lebt in der Gefahr, für ewig verloren zu gehen.

33. Eine Heidin findet im katholischen Glauben Rettung und Heilung

Mit dreizehn Jahren kommt Tatjana immer mehr vom rechten Weg ab. Sie will im Mittelpunkt stehen und die Erwachsenen nachahmen. Bald sieht sie nur noch in der Unterhaltung und im Vergnügen den Sinn ihres Lebens und entfernt sich immer mehr von ihrer Familie. Sie tut, was sie will. Viel zu spät erkennt sie, wie das Böse eine schreckliche Gewalt über sie gewinnt. Heute berichtet sie: „Es blieb mir nur das Heroin, das mich zugrunde richtete. Ich wurde zu einer wirklichen Sklavin, spürte nur noch Kälte und Gefühllosigkeit und hatte das Empfinden, als hätte mich jemand meiner Persönlichkeit beraubt. In meiner Familie gab es keinen Platz für Gott. Ich wurde so erzogen, als ob es außer der menschlichen Kraft keine Hilfe gäbe. Aber ich brauchte dringend Hilfe, die mir niemand geben konnte."

In dieser schwierigen Lebensphase lernt Tatjana die

Gemeinschaft Cenacolo kennen, die von Schwester Elvira gegründet wurde. Sie berichtet über ihren Eintritt in diese Gemeinschaft: „Mein Weg in diese Gemeinschaft war nicht leicht. Es war sehr schwer für mich, mir einzugestehen, dass ich mein Leben falsch gelebt hatte. Oft hatte ich die Versuchung, wieder alles stehen zu lassen und einen leichteren Weg zu gehen und vor der Wahrheit zu fliehen. Ich konnte nicht die Hilfe der anderen akzeptieren, weil ich so hochmütig war. Die Worte von Schwester Elvira bei einem Gespräch vor meinem Eintritt in die Gemeinschaft machten mir oft Mut und gaben mir die Zuversicht, dass es auch noch etwas Gutes in mir gebe und dass trotz allem die wahre Tatjana einmal ans Licht kommen würde."

Die ehemals Drogenabhängige erinnert sich: „Ich denke, dass das Größte, das mir in dieser Gemeinschaft geschenkt wurde, das Sakrament der Taufe ist. Der Herr hat mir durch die Taufe alle meine Sünden verziehen, so fühle ich mich ganz neu und rein. Das hat in mir den großen Wunsch ausgelöst, mein Leben dem Dienst an den anderen zu widmen. Dies ist nicht immer leicht und verlangt viel Opferbereitschaft. Man muss die eigene Faulheit bekämpfen, den Wunsch nach eigenem Vergnügen vergessen, sich selbst annehmen, wie man ist, und die anderen lieben, so wie Gott sie geschaffen hat. Jedes Mal, wenn mir das gelingt, fühle ich mich glücklich und fröhlich, mit jener Freude erfüllt, die mir niemand mehr rauben kann. Mein Leben in der Gemeinschaft ist sehr reich und interessant geworden. In mir sind neue positive Gefühle für das Leben. Ich versuche, so zu leben, wie es mir das Evangelium vorschlägt. In dieser Gemeinschaft entdecke ich zusammen mit den anderen Mädchen täglich von Neuem die Gaben, die mir Gott geschenkt hat. Auf diesem Weg der Selbsterkenntnis möchte ich noch lange weitergehen, um noch viel mehr von dem Guten und Schönen in mir zu entdecken. Ich möchte nach den göttlichen Geboten leben und das Leiden, die Freude und den Erfolg annehmen. So wird jede Schwierigkeit zur Liebe und jedes Leiden zum Glück. Am Ende des Tages gehe ich müde zu Bett, aber mein Herz ist voll Liebe, die ich von Gott und den Schwestern den Tag über bekam. Ich danke Gott, Schwester Elvira und allen Schwestern und Brüdern, die mir geholfen haben, den Sinn des Lebens zu finden."

34. Durch den wiedergefundenen katholischen Glauben fand ich den Weg aus allen Krisen

Eva besucht mit fünfzehn Jahren Diskotheken und andere Veranstaltungen. Bald hat sie ihre erste Krise und beginnt, Alkohol zu trinken. Mit siebzehn Jahren hat sie die ersten Depressionen und fürchtet sich vor dem Tod. Als die Angstzustände wieder nachlassen, stürzt sie sich erneut in Vergnügungen. Sie schildert: „Da ich gerne tanzte, wurde mir der Diskobesuch bald zur einzigen Freude. Am liebsten tanzte ich mit meiner Freundin. Wenn wir allein auf der Tanzfläche waren und ich meine Show abziehen konnte, brachte mich das in Höchststimmung. Ich kleidete mich gern aufreizend. Kurzum, ich war voller Eitelkeit und Stolz und liebte es, im Mittelpunkt zu stehen."

Als Eva Mutter wird, erkrankt sie erneut an Depressionen und die Angst vor dem Tod stellt sich wieder ein. Das einzige Mittel, das sie für einige Stunden von dieser unbeschreiblichen Angst befreien kann, sind Schlaftabletten. Für Partys, Diskos und die Rolle einer attraktiven, anziehenden Frau ist ihr Interesse total geschwunden. Als es Eva am schmerzlichsten geht, denkt sie zum ersten Mal wieder an Gott. Von einer Bekannten bekommt sie ein Jesusbild, das nach einer Vision von Schwester Faustina aus Polen gemalt wurde. Was dann geschah, erzählt sie so: „Ich sah auf das Bild und im selben Augenblick wurde ich von der Liebe Jesu dermaßen durchdrungen, dass ich nur noch den einen Wunsch hatte, Jesus aus ganzem Herzen zu lieben." Bisher hat Eva die Beichte mit der Begründung abgelehnt: „Das geht den Priester gar nichts an, das mach ich mit dem lieben Gott selber aus!" Doch ein Wort aus der Heiligen Schrift bewegt sie so sehr, dass sie eine Lebensbeichte ablegt. Danach fühlt sie sich wie neugeboren und überglücklich. Seitdem geht Eva so oft wie möglich zur Beichte. Ihr neues Leben nach den Geboten Gottes und ihr wiedergefundener Glauben lassen sie die wahren Werte erkennen. Rückblickend sagt sie: „Für mich war früher die Disko das Höchste, nun ist es die hl. Messe. Ich muss an die vielen Jugendlichen denken, die viel Geld ausgeben, um bei einem Konzert ihres Lieblingssängers oder ihrer Lieblingsband dabei zu sein, und die noch viel mehr Geld ausgeben würden, wenn sie ihren Star ganz persönlich treffen könnten. Doch all diese Idole sah ich nun als armselige Menschen, oft sogar in schwerer Sünde lebend. Und Jesus? Er ist Gott und hat doch immer für uns Zeit. Ich begriff, dass Jesus bei jeder hl. Messe in Sehnsucht und Liebe auf uns, auf mich wartet. Und wenn ich in Not bin und mir keiner helfen kann oder will, Jesus kann und will mir immer helfen. Ich kann ihm vollkommen vertrauen, er will für jeden nur das Allerbeste."

Immer mehr erkennt Eva die Liebe Gottes zu den Menschen, aber auch den Hass Satans, der die Seelen zu sich in die Hölle ziehen will. Darüber berichtet sie: „Mir wurde klar, dass der Teufel in unserer Zeit nur deshalb so viel Macht hat, weil fast keiner mehr an seine Existenz glaubt. Vor einem Feind, den man nicht als Feind erkennt, schützt man sich nicht!"

35. Ein Randalierer findet durch den katholischen Glauben den Weg zum Priestertum

Mehrmals hatte ich die Gelegenheit, mit Jürgen zu sprechen. Als Jugendlicher, so erzählt er mir, hatte er kaum einen Bezug zum Glauben. Im Religionsunterricht fiel er besonders durch sein Desinteresse und ständiges Stören auf. Dennoch vertraute er schließlich einem Pfarrer seine Probleme an. Wegen starker Kopfschmerzen und schwerer Alpträume, die ihn nachts plagten, befand er sich in ärztlicher Behandlung. Als der Pfarrer ihn fragte, ob er für dieses Problem mit ihm beten dürfe, war Jürgen einverstanden. Und seit diesem Gebet wurde Jürgen nie wieder von solchen Alpträumen belästigt, die ihn auch im Wachzustand verfolgt und gequält hatten. Als ich ihn fragte, ob sich nach diesem Ereignis auch sonst etwas in seinem Leben verändert habe, antwortete er: „Ich begann, über meinen Glauben nachzudenken und ihn zu leben. Ich betete intensiver und mit mehr Vertrauen als zuvor und begann zu begreifen, dass Jesus nicht nur vor 2000 Jahren lebte, sondern dass Er auch jetzt noch lebt und wirkt. Heute fühle ich mich freier, ich lebe gesünder durch meinem Glauben. Früher ging ich oft mit Widerwillen in die heilige Messe und heute erlebe ich den Gottesdienst mit großer Freude. Die wandelnde Kraft der heiligen Eucharistie bedeutet mir sehr viel. Mit jedem Empfang der heiligen Kommunion wird man ja mehr verändert. Die Erfahrung mit Gott hat mich glücklich gemacht, es gibt keinen Stillstand bei diesem Glück. Heute bete ich bewusster als früher. Wir sollten den Blick auf Maria richten, da sie uns den Weg zu ihrem Sohn zeigt. Das ist auch der ursprüngliche katholische Glaube: durch Maria zu Jesus. Ich empfinde heute eine große Dankbarkeit gegenüber der Gottesmutter für ihr Ja, das sie dem Engel bei der Menschwerdung Gottes gegeben hat, denn erst durch ihre Zustimmung kam der Sohn Gottes durch das Wirken des Heiligen Geistes zu uns. Ich habe mich einer Gebetsgruppe angeschlossen, die mir Mut und Kraft gibt, den Weg des Glaubens zu gehen."

Schließlich schenkte Gott Jürgen die Berufung zum Priestertum. Als ich aus den Medien erfuhr, dass ein Überfall auf sein Pfarrhaus verübt wurde, erkundigte ich mich nach seinem Befinden. Jürgen hatte den Raubüberfall – Gott sei Dank – glimpflich überstanden, doch sein Mitbruder wurde erheblich verletzt.

36. Ein Kommunistenführer findet Frieden und Sinn seines Lebens in der katholischen Kirche

Louis Franz Budenz verließ mit 20 Jahren sein katholisches Elternhaus und wandte sich von seinem Glauben ab, weil er sein eigenes Leben in Freiheit genießen wollte. In dieser Zeit begann er auch, sich für mehr soziale Gerechtigkeit in den USA stark zu machen. Bald wurde er zum Wortführer und Anstifter von Arbeiterstreiks. Etwa zwanzigmal wurde er deshalb verhaftet und von der Arbeiterklasse als „Märtyrer" für die soziale Sache gefeiert. Er galt als Vorkämpfer der Proletarier. Weit über die Grenzen seines Landes hinaus wurde sein Name als Verleger einer kommunistischen Zeitung und als Mitglied des Nationalkomitees der kommunistischen Partei bekannt. Doch trotz seiner politischen Erfolge sehnte er sich immer mehr nach dem Glauben seiner Kindheit zurück. Nicht zuletzt durch das abstoßende Verhalten seiner Mitarbeiter und Parteifreunde, das häufig in schreiendem Gegensatz zu dem stand, was sie verkündeten. Deutlich erkannte er auch ihre Abhängigkeit vom Kreml. Eine Rundfunkpredigt des bekannten Bischofs Fulton Sheen brachte ihn auf den Gedanken: Man müsse den Kommunismus mit dem katholischen Glauben vereinen, um die Welt zu retten. Doch nach einem Gespräch mit Bischof Fulton Sheen, der ihn auf die Botschaften der Gottesmutter hinwies, erkannte er, dass dieses Vorhaben unmöglich umzusetzen war. Die Worte des Bischofs weckten in ihm Erinnerungen an seinen längst verlorenen Glauben. Er erinnerte sich an seine Kindheit, als seine Familie jeden Abend sich vor einem Ecce-Homo-Bild versammelte und den Rosenkranz betete. So griff er, der Kommunist, schließlich wieder zum Rosenkranz und beteuerte später, dass er diesem Gebet seine vollständige Bekehrung verdankte. Am 10. Oktober 1945 brachte der Rundfunk eine überraschende Meldung, die ganz Amerika aufhorchen ließ: „Mit tiefempfundener Freude drängt es mich, Sie alsbald wissen zu lassen, dass ich Dank der Gnade Gottes ganz und bedingungslos zum Glauben meiner Väter, zur katholischen Kirche, zurückgefunden habe. Die heiligen Sakramente wieder empfangen zu dürfen, ist für mich größtes Glück und kostbarstes Geschenk des Himmels. Aber nun, nach meiner Rückkehr ins wahre Vaterhaus Gottes, muss ich in aller Öffentlichkeit sagen: Kommunismus und katholischer Glaube sind unvereinbar." So fand der Kommunistenführer Louis Franz Budenz im katholischen Glauben den lang ersehnten Frieden und sein Heil.

Quelle: Vertrau auf die Mutter, Verlag St. Grignionhaus, Altötting

37. Der katholische Glaube führte mich aus der Welt der Finsternis in die Arme Gottes

Sandra berichtete über ihre Jugend: „Meine Mutter ist evangelisch und mein Vater katholisch, aber beide haben mit ihrer Kirche nichts am Hut. Ich wurde evangelisch getauft und gehörte somit zur evangelischen Kirche. In unserer Familie wurde nie gemeinsam gebetet und dadurch war mir das Gebet sehr fremd. Trotzdem ging ich sonntags zur Kirche und war stolz darauf, evangelisch zu sein. Den katholischen Glauben fand ich altmodisch. Allein schon das Hinknien beim Beten sah ich als erniedrigend an. Als evangelischer Christ brauchte ich mich nicht vor Gott hinknien und irgendwie war das auch unter meiner Würde. Nach meiner Konfirmation war es mit den Kirchenbesuchen vorbei. Ich fing an, auf Partys zu gehen, harte Musik zu hören und Alkohol zu trinken. Mit sechzehn Jahren lernte ich meinen heutigen Mann kennen, er war katholisch. Wir trafen uns oft mit Freunden, hörten Heavy Metal und tranken Alkohol. Mein Zimmer war von oben bis unten mit Heavy Metal-Postern tapeziert. Überall waren Totenköpfe und komische Fratzen. Oft hatte ich einen heftigen Streit mit meinem Freund und ich war auch häufig frech zu meinen Eltern. Über mehrere Jahre hinweg besuchte ich mehr als vierzig Heavy Metal-Konzerte, bei denen es ganz schön derb zuging. Ich war damals der festen Überzeugung, das mich diese Musik mit ihren gewaltverherrlichenden und oftmals satanischen Texten überhaupt nicht beeinflussen würde. Aber ich wurde immer aggressiver und depressiver. Mein Freund und ich hatten uns durch viele Streitereien schon ziemlich weit auseinandergelebt und wir hatten uns eigentlich nichts mehr zu sagen. Dazu kam, dass mein Freund anfing, sich zu bekehren und wieder zur Kirche zu gehen, während ich mein altes Leben weiterführte. Während dieser ganzen Zeit war ich davon überzeugt, dass mein Leben absolut in Ordnung sei. 1997 erzählte mir mein Freund zum ersten Mal von Medjugorje, und ohne groß darüber nachzudenken, sagte ich, dass ich auch einmal dorthin fahren wolle. Darüber war er sehr erstaunt und dann fuhren wir 1998 zum ersten Mal mit der Gemeinschaft ‚Totus Tuus‘ nach Medjugorje. Ich war einfach nur neugierig, ob etwas an den berichteten Marienerscheinungen dran sei und ob ich vielleicht auch mal die Gottesmutter sehen würde. Als evangelischer Christ hatte ich keine Beziehung zu Maria und betete auch keinen Rosenkranz. Die ersten Tage in Medjugorje waren daher sehr seltsam. Oft wurde ich von der Lobpreismusik innerlich sehr angesprochen, aber ich konnte mich absolut nicht öffnen. Irgendwie hatte ich Angst, meinem Glauben nicht treu zu bleiben.“

Dann berichtete Sandra von einem Wendepunkt: „Als wir den Erscheinungsberg bestiegen und an einem Kreuz stehen blieben, machte ich eine ganz tiefe Gotteserfahrung. Ich hatte für kurze Zeit das Gefühl, als hätte ich einen Durchblick in meinem Leben, als könnte ich auf einmal alles ganz klar sehen und verstehen. Mir stiegen die Tränen in die Augen, weil ich erkannte, was in meinem Leben alles falsch gelaufen war. Ich erkannte, dass ich stolz und eitel war und viele Menschen durch meine egoistische, selbstsichere Dickköpfigkeit verletzt hatte. Mir wurde auch bewusst, wie viele Wunden ich mir selbst zugefügt hatte. Von diesem Augenblick an wusste ich, dass die Gottesmutter hier in Medjugorje erscheint und Botschaften gibt, die zu Gott führen. Ich fühlte in mir einen großen Widerspruch, denn als evangelischer Christ konnte ich die erkannte Wahrheit nicht richtig annehmen. Ich hatte Angst davor, mich auf Maria einzulassen, und nahm für mich nur einen Teil der Botschaften an, die ich mit meinem evangelischen Glauben in Einklang bringen konnte. Mir wurde plötzlich so richtig bewusst, dass ich mein Leben ändern musste. Als ich wieder zu Hause war, entschied ich mich für das Fasten.

Ich war von meiner Gotteserfahrung, die ich in Medjugorje gemacht hatte, so begeistert, dass ich wieder jeden Sonntag in die evangelische Kirche ging. In meiner Gemeinde wurde ich richtig aktiv und übernahm auch die Aufgabe, für die Diakonie Geld zu sammeln, zur Freude meines Pastors. Das Fasten stärkte mich in meinem Glauben, da ich wusste, dass es Gott gefällt. Vier Monate später fuhren mein Freund und ich erneut nach Medjugorje, weil ich eine große Sehnsucht nach diesem Ort empfand. Auch bei dieser Fahrt hatte ich ähnliche Erlebnisse wie beim ersten Mal. Doch diesmal begann ich, mich ernsthaft mit meinem Glauben und der katholischen Kirche auseinanderzusetzen. Ich musste mir endlich klar darüber werden, was ich eigentlich glaubte, was ich für Erfahrungen gemacht hatte und ob der evangelische Glaube für mich der richtige sein konnte. Als ich wieder zu Hause war, besuchte ich nicht mehr die evangelische Kirche, weil ich mich dort nicht mehr wohl fühlte. Ich konnte nicht die Botschaften und die Gottesmutter annehmen und gleichzeitig weiter in die evangelische Kirche gehen. So kam es, dass ich ein halbes Jahr überhaupt nicht mehr zur Kirche ging. In dieser Zeit habe ich viel über die beiden Konfessionen nachgedacht, aber die Gottesmutter ließ mich nicht mehr los. Ich begann, den Rosenkranz zu beten. Am Anfang hatte ich ein schlechtes Gewissen, weil ich irgendwie ein Schuldgefühl aufbaute. Aber als ich den Rosenkranz in den Händen hielt, wurde er ganz warm. Das war ein seltsames Gefühl und für mich ein Zeichen, den Rosenkranz weiterhin zu beten. Ich spürte auch, dass die Gottesmutter mich bei sich haben wollte. Später stellte sich heraus, dass mein Freund genau zu dieser Zeit für mich eine Novene gebetet hatte. Durch das Fasten und das Rosenkranzgebet veränderte sich mein Leben völlig. Im Januar 1999 erzählte ich meinem Pfarrer alles, was passiert war, und stellte den Antrag, in die katholische Kirche aufgenommen zu werden. Im April 1999 wurde ich feierlich in die katholische Kirche aufgenommen und empfing die Erstkommunion und die Firmung. Vorher ging ich zum ersten Mal zur Beichte, um ganz offen für Jesus zu sein. Ich war dabei sehr nervös und es war für mich eine unbeschreibliche Überwindung, aber es ist überhaupt nicht in Worte zu fassen, welchen tiefen Frieden ich durch die persönliche Begegnung mit Jesus in der Beichte erlebte. An diesem Tag wurde ich so sehr mit Gnaden beschenkt, dass ich mich richtig geliebt und angenommen fühlte. Heute bin ich verheiratet und habe eine Tochter. Ich versuche jeden Tag, neu umzukehren und mithilfe der Gottesmutter den Glauben im Alltag zu leben."

38. Ein ehemaliger Satanspriesterkandidat wird ein treuer Mitarbeiter in der katholischen Kirche

Wilson Lopez aus Kolumbien verliebte sich als Jugendlicher in ein hübsches Mädchen und freundete sich mit ihr an. Nach einiger Zeit lud sie ihn zu einem Fest ein. Erika, wie sie hieß, führte ihn in ein großes Haus. Es gab kein Licht im Korridor und am Ende des Ganges nahm sich jeder einen schwarzen Mantel mit Kapuze und zog ihn über.

Verliebt wie Wilson war, folgte er Erika in einen Speisesaal, in dem ein antiker Holztisch für zwölf Personen gedeckt war. Als alle Plätze besetzt waren, betrat ein Mann den Raum und begann in einer eigenartigen Sprache zu sprechen. Als Wilson sah, wie sich plötzlich der Tisch drehte und die Gläser und Kerzen in der Luft schwebten, packte ihn Panik und er wollte flüchten. Da hörte er eine Stimme hinter sich: „Wenn du wegläufst, werde ich dich töten." Für Wilson gab es kein Zurück mehr. Er begann, sich in das Thema einzuarbeiten, und besorgte sich Bücher über Satanismus und Hexerei. Als der Satanspriester davon erfuhr, übergab er ihm die sogenannte Satansbibel. In dieser neuen und dunklen Welt erlangte er die Fähigkeit, fließend Italienisch, Hebräisch, Aramäisch und mehrere tote Sprachen zu sprechen. Er empfing auch die Herrschaft über menschliche Gedanken und konnte andere Personen kontrollieren und beeinflussen. Wilson bekam einen unstillbaren Durst nach Wissen und gab sich so der dunklen Sache hin, dass er bald zum Anführer der Sekte wurde. Es fehlte ihm nur noch der Aufstieg zum Satanspriester. Alle vorgeschriebenen Prüfungen hatte er bestens bestanden, es fehlte noch die Hauptprüfung: die Darbringung eines Menschenopfers. Wilson gesteht: „Zugleich war die Besessenheit nach Macht so groß in mir, dass nur ein wunderbares Eingreifen Gottes mich davor bewahren konnte, das Menschenopfer darzubringen." Während dieser Zeit verliebte sich Wilson erneut. Um Angela für sich zu gewinnen, setzte er all seine magischen Fähigkeiten ein, aber der Erfolg blieb aus. Angela begann jeden Tag um 6 Uhr mit dem Rosenkranz und besuchte anschließend die heilige Messe. Abends um 19

Uhr betete sie erneut einen Rosenkranz. Als Angela ihn zu einem Besuch der heiligen Messe einlud und in der ersten Bank vor dem Tabernakel Platz nahm, erlebte er innerlich die Hölle. Darüber berichtet er: „Ich empfand eine solche Aversion, dass ich meinte, mein Herz würde zerspringen, und mehr fliegend als laufend eilte ich davon." Es begann ein harter Kampf. Wilson hörte Stimmen, die ihn zum Selbstmord aufforderten. Diese Besessenheit führte ihn in die Verzweiflung. Als er im Begriff war, sich das Leben zu nehmen, verirrte er sich und begegnete einem stadtbekannten Exorzisten, dem er sich offenbarte. Nach stundenlangem Gebet durch Pater Hector kehrten Ruhe und Frieden in seine Seele ein. Als die Mitglieder der Satanssekte von seiner Hinwendung zu Gott erfahren hatten, planten sie einen Racheakt. Wilson wusste, dass auf sein Vergehen das Todesurteil stand. Der Satanspriester erschien vor seinem Haus und sprach schreckliche Flüche über ihn aus. Es entwickelte sich ein gewaltiger geistiger Kampf, denn im Haus betete gleichzeitig eine Gruppe ununterbrochen für Wilson. Diese Auseinandersetzung beschreibt der Todeskandidat mit folgenden Worten: „Als dieser geistige Kampf auf dem Höhepunkt war und ich mich ganz schwach fühlte, hörte ich plötzlich eine Stimme, die das Ave Maria betete und immer stärker wurde. Ich fühlte, wie hinter mir eine weiße, schöne, strahlende Hand hervorkam, die einen Rosenkranz hielt, den sie um den Satanspriester legte, der immer noch unter der Türe stand. Das war zu viel für ihn. Er verschwand und kam nie mehr zurück. Ich danke der Gottesmutter und allen, die mich durch ihr Gebet vor der Verdammnis, in die ich mich gestürzt hätte, bewahrt haben."

Heute ist Wilson glücklich verheiratet und Vater von zwei Kindern. Er ist Mitglied der Gemeinschaft „Flamme Marias“ und arbeitet bei einem katholischen Fernsehsender von Manizales für die Erzdiözese. Wilson schließt seinen Bericht mit dem Hinweis, dass auch Erika sich aus der Sekte befreien konnte und den christlichen Glauben angenommen habe. Alle zwölf Mitglieder der Sekte außer dem Satanspriester aber hätten Selbstmord begangen.

Quelle: https: //www.youtube.com/watch, Triumph des Herzens, 2017, Nr. 142

39. Eine junge Satanistin, die den Auftrag hat, einen Menschen zu töten, findet ihr Heil in der katholischen Kirche

Nicht nur in Kolumbien, auch in Italien arbeiten satanische Sekten, um ihre Ziele zu verwirklichen. Die Zeitschrift „Triumph des Herzens“ (Nr. 88, 2008) berichtet darüber am Beispiel der jungen Satanistin Michaela. Bereits in jungen Jahren verlor sie jeden Halt, täglicher Drogenkonsum und mehrere Geliebte gleichzeitig zu haben, waren für sie normal. Sie wandte sich auch dem Reiki und der Esoterik zu und lernte dabei eine Frau kennen, die sie zu schwarzen Messen mitnahm. Schon zwei Monate später war sie bereit, sich Satan zu weihen. Dadurch bekam sie eine unfassbare Kenntnis über ihre Mitmenschen, sprach fremde Sprachen und spürte, wenn ein Priester das Allerheiligste bei sich trug. Macht wurde für sie so begehrenswert, dass sie bereit war, dafür über Leichen zu gehen – und sie war auf dem besten Weg, einen Menschen zu töten. Zu dieser Zeit wirkte im Bahnhofsviertel von Rom Chiara Amirante, eine junge Frau, die sich mit allen Kräften für Jugendliche einsetzte, die durch Drogenkonsum, Alkoholmissbrauch und Prostitution auf der Straße lebten. Aufopferungsvoll half sie diesen Menschen und berichtete ihnen von der Liebe des Auferstandenen. So hatte sie schon etliche auch aus satanischen Sekten befreit, was den Hass der Satanisten erregte, die beschlossen, sie zu töten. Michaela war die „Erwählte", die die schreckliche Tat vollstrecken sollte. Und als machthungrige junge Frau empfand sie diesen Befehl nicht als Last, sondern als eine besonders hohe Auszeichnung. Für diesen Auftrag steckte sie einen Dolch in ihren Gürtel und läutete abends an Chiaras Haus, wo man ihr bereitwillig die Tür öffnete. Chiara kam auf sie zu, umarmte sie und sagte lächelnd: „Herzlich willkommen!" Michaela schildert diese Begegnung: „Diese Umarmung, diese Liebe traf mich mitten ins Herz. Ich war ganz verwirrt. Das erste Mal in meinem Leben fühlte ich mich von einer Mutter umarmt. Liebevoll lud mich Chiara zum Essen ein. Ich wusste selbst nicht, was mit mir geschah. Ich hatte doch einen Auftrag! Aber diese Umarmung intensiver Liebe hatte alle meine Pläne zunichte gemacht und ich hatte nur noch einen Wunsch: Ich möchte alles lassen und hier leben."

Bald erfuhren die Mitglieder der satanischen Sekte von dem Gesinnungswandel ihrer einstigen Genossin und verwünschten sie. Von allen Seiten wurde sie bedroht und es tobte ein unbeschreiblicher Kampf, dämonische Kräfte quälten sie. Die enttäuschten Sektenmitglieder ließen nichts unversucht, um sich an Michaela zu rächen. Ihre Seele sollte für immer dem Reich Satans gehören.

Doch es kam anders. Dank eines besonderen Schreibens von Joseph Kardinal Ratzinger, dem späteren Papst Benedikt XVI., konnte sie in die katholische Kirche eintreten, beichten und die heilige Kommunion empfangen. In dem Schreiben des Kardinals standen die beeindruckenden Worte: „Heute ist ein großes Fest für die ganze Kirche, denn eine Tochter ist nach Hause zurückgekehrt."

Quelle: Michaela, La Fuggita da Satana, Piemme 2007, Triumph des Herzens, 2008, Nr. 88

40. Durch den Tod meiner Freundin fand ich den Weg zur katholischen Kirche

Robert berichtete über sein schwieriges Leben und seine Freude am katholischen Glauben: „Ich bin als zweites Kind in einer fünfköpfigen Familie groß geworden. Von meinen Eltern wurde ich zwar liebevoll, aber eher mäßig religiös erzogen. Ich wurde mit meinen Brüdern sonntags in die Kirche geschickt und meine Mutter betete abends mit uns. Ich ging zur hl. Kommunion und wurde gefirmt. In meinem Innern war die Kirche eher mit einem Zwang verbunden. Was blieb, war das Gebet. Irgendwann ging ich dann sonntags nicht mehr in die Kirche. Mit sechzehn Jahren begann die Zeit der Ausbildung. Dies war die Zeit, in der meine Freunde und Kumpels in meinem Leben eine große Rolle spielten. Da ich eher zurückhaltend war, versuchte ich mich durch die gemeinsamen Trinkgelage zu profilieren. Meine Freuden bestanden eigentlich nur darin, von Wochenende zu Wochenende oder besser von Party zu Party zu leben. Wenn ich diese Zeit im Rückblick betrachte, erinnere ich mich daran, dass ich nach jeder Ernüchterung eigentlich total frustriert war und oft auch ein schlechtes Gewissen hatte. Trotzdem schien dies zu dieser Zeit mein Lebensinhalt zu sein. Als ich siebzehn Jahre alt war, hat der Herr mir dann einen Meilenstein in Form eines Religionslehrers mit auf den Weg gegeben. Durch diesen Religionslehrer in der Berufsschule wurde ich zum ersten Mal von den Glaubenswahrheiten überzeugend berührt. Dieser Mann sprach frei von den Sakramenten der Kirche, der Entscheidung zwischen Gott und Satan, von Leben und Tod, von Sünde in einer so klaren Form, dass sich jedes Wort in mein Herz einprägte. Weiterhin sprach er auch von Lourdes, Fatima, Medjugorje und vielem mehr. So wurde uns gezeigt, wie Gott heute noch ganz konkret unter den Menschen wirkt und wie sehr er das Heil der Menschen wünscht. Diese Form der Verkündigung machte diesen Mann natürlich zum Gespött des Lehrerkollegiums und einiger Schüler. Man spürte förmlich in jeder Unterrichtsstunde, wie sich die Klasse spaltete und wo das Wort auf fruchtbaren Boden oder auf steinigen Fels fiel. Die Frucht dieser gnadenhaften Begegnung war eigentlich das konkrete Gebet. So kam es, dass ich in meinem Zimmer wieder ein Kreuz und ein Herz-Jesu-Bild, das wir im Unterricht bekommen hatten, aufhängte. Wir bekamen auch die Wundertätige Medaille, die ich von da an immer bei mir trug. Trotzdem ließ ich keine Party ausfallen und ich ging nur an Hochfesten in die Kirche. Abends betete ich kniend vor dem Kreuz und dem Bild, selbst dann noch, wenn ich betrunken von einer Fete nach Hause kam. Mit achtzehn Jahren lernte ich Bettina kennen. Sie war so alt wie ich und wohnte einige Ortschaften entfernt. Alles schien so, als steuere es auf eine Hochzeit hin. Ich betete nach wie vor auf den Knien, bat Gott, uns unsere Sünden zu verzeihen und uns in den Himmel zu holen. Es ergab sich, dass ich an einem Freitagabend auf einer Fete der Jungschützenabteilung unseres Dorfes war. Wir feierten am Waldrand, das Wetter war gut und die Stimmung ausgelassen. Es kam selten vor, dass Bettina und ich getrennt ausgingen. Aber an diesem Tag war es so, weil sie sich zur gleichen Zeit an einem Sommerfest ihrer Firma befand. Der Abend nahm seinen Lauf, es wurde viel getrunken bis in den frühen Morgen. Wir wollten auf den Bänken schlafen, weil wir keine Lust mehr hatten, den langen Weg zu Fuß nach Hause zu gehen. Als wir nach einigen Stunden Hunger bekamen, stiegen wir in ein Auto und fuhren wie Wahnsinnige über Feldwege von Ort zu Ort, um etwas einzukaufen. Es war das erste Mal, dass ich bei Betrunkenen mitfuhr. Zur gleichen Zeit, als wir unser Leben riskierten, verunglückte Bettina mit ihrem Wagen tödlich, ohne etwas getrunken zu haben. Sie war am Steuer eingeschlafen und ungebremst auf einen Baum gekracht. Es war fünf Tage vor ihrem 24. Geburtstag. Die kommenden Wochen waren eine schwere Zeit für mich. Ich machte Gott keine Vorwürfe und flüchtete mich vermehrt vor das Kreuz in meinem Zimmer, wo ich eine Tröstung erfahren durfte, wie ich sie bis heute nicht mehr erlebt habe. Nach einiger Zeit begann ich wieder rauszugehen und es schien so, als würde alles wieder im alten Trott weitergehen. Doch Gott hatte einen anderen Plan mit mir. An einem Freitagabend tranken wir Bier in einer Musikkneipe. Innerlich war ich immer noch schlecht drauf. Eine Bekannte erwähnte, dass sie am nächsten Morgen nach Medjugorje fahren würde. Sie sagte zu mir: ‚Robert, du musst da mit!' Wir hatten uns schon häufiger gut über den Glauben unterhalten und an die Echtheit der Erscheinungen von Medjugorje glaubte ich damals schon. Vor Jahren hatte sie schon einmal den Versuch unternommen, Bettina und mich nach Medjugorje mitzunehmen. Leider hatte ich es damals verhindert. Ich sagte ihr, dass ich so kurzfristig nicht mitfahren könne. Die Bekannte ging dann um 23 Uhr. Wir hingegen tranken weiter. Danach ging mir vieles durch den Kopf, bis mir schlagartig klar wurde: Ich muss nach Medjugorje! Rasch fuhr ich mit dem Fahrrad zum Geldautomaten, packte ein paar Sachen ein und stand bald vor der Tür unserer Bekannten. Um vier Uhr morgens fuhren wir los. Ich hatte keinen Urlaub, war angetrunken und fuhr mit dem Rosenkranz in der Hand in das Krisengebiet Jugoslawien. Ich dachte, ich wäre im falschen Film. Doch Gottes Plan musste sich erfüllen, er schenkte mir ein offenes Herz. Der Wallfahrtsort Medjugorje war für mich wie Balsam auf meine Seele. Ich erlebte, dass Gott es gut mit mir meinte und dass er mir seine Mutter schenkte. Ich spürte, wie er mir sagen wollte, dass das, was ich schon vor Jahren als richtig angenommen hatte, nun zu leben beginnen sollte. Nach fünfzehn Jahren ohne Beichte schenkte er mir seine Vergebung und zeigte mir, wovon er mich befreien wollte. Heute kann ich sagen, dass Medjugorje das wichtigste Erlebnis in meinem

Leben war und ist. Ich danke Gott für seine Geduld mit mir und für alle Gaben, die er mir unablässig schenkt. Seit drei Jahren bin ich nun mit Christiane verheiratet, die ich am Morgen vor der Fahrt nach Medjugorje zum ersten Mal gesehen hatte. Der Herr schenkte uns bereits zwei Kinder. An einem Herz-Jesu-Freitag führte uns Gott mit meinem früheren Religionslehrer, seiner Frau und seinen sechs Kindern zusammen. Es wurde ein Austausch der Freude, wo ich noch einmal Gelegenheit hatte, mich bei Gott und ihm zu bedanken."

41. Durch Blitzschlag und das Opfer eines demütigen Indios fand ich den Weg zum Glauben

Es gibt Bücher und Schriften, die über Nahtoderfahrungen und Nahtoderlebnisse berichten, doch kaum ein Fall hat die Öffentlichkeit so schockiert, wie die Berichte von Frau Gloria Polo. Sie hält Vorträge über ihr Nahtoderlebnis in Deutschland und im Ausland. Aus einem dieser Vorträge möchte ich einige Passagen weitergeben, die zeigen, welche Bedeutung der katholische Glaube auch nach dem Tode hat.

Die Zahnärztin Frau Gloria Polo ging am 5. Mai 1995 mit ihrem Neffen zur Nationalen Universität von Bogota, der Hauptstadt Kolumbiens und wurde dabei vom Blitz getroffen. Ihr Neffe wurde auf der Stelle getötet. Sie selbst erlitt tödliche Verletzungen. Sie berichtet darüber: „Der Blitz ist direkt in das Herz meines Neffen eingedrungen, es trat sofort Herzstillstand ein. Was mich betrifft, so drang der Blitz über meinem Arm ein und verbrannte meinen gesamten Körper, innerlich und äußerlich, in schrecklicher Art und Weise. Mein ganzes Fleisch war durch diesen gewaltigen Blitzschlag verkohlt. Meine Brüste waren weg. Vor allem auf der linken Seite hatte ich da, wo vorher mein Busen war, ein großes Loch. Es gab kein Fleisch mehr an mir, sowohl meine Rippen, mein Bauch, mein Unterleib als auch meine Beine und meine Leber waren komplett verkohlt. Der Blitz verließ meinen Körper über mein rechtes Bein. Meine Nieren, Lungen und Eierstöcke erlitten starke Verbrennungen. Ich erlitt einen Herzstillstand und war praktisch ohne Leben."

Da der Körper von Gloria Polo sehr stark unter elektrischer Ladung stand, war es den Rettungskräften für längere Zeit unmöglich, sie zu bergen.

Zunächst berichtete Frau Gloria Polo von ihren Erfahrungen im Jenseits, wie wir es auch aus anderen Nahtoderlebnissen kennen. „Ich befand mich in einem wunderbaren weißen Tunnel. Es war ein weißes Licht um mich herum, ein unbeschreibliches Licht, das in mir eine solche Wonne auslöste, einen solchen Frieden, ein solches Glück. Gefühle, die mit menschlichen Worten einfach nicht zu beschreiben sind. Ich verstehe nicht, warum man uns den Tod als eine Art Bestrafung vorführt. Ich war frei von Zeit und Raum. In diesem Licht bewegte ich mich vorwärts, unbeschreiblich glücklich und voll Freude, nichts beschwerte mich in diesem Tunnel. Das Licht war einfach wunderschön. Dieses Licht war für mich wie die Quelle dieser ganz großen Liebe, dieses Friedens in mir und um mich herum, eine unbeschreibliche Liebe und ein Friede, den ich von der Welt nicht kannte."

Nach diesem wunderbaren Erlebnis berichtete Frau Gloria Polo aber auch über ihre Erfahrungen, die sie mit den Mächten der Finsternis machte. Die Schilderungen über diese dunklen Mächte sind so entsetzlich und grausam, dass ich sie meinen Leserinnen und Lesern vorenthalten möchte. Die Beschreibung der Hölle, des Teufels und seiner Dämonen zeigen aber auch, dass diese Begriffe nicht aus der Luft gegriffen sind. Beim stillen Gebet des Priesters vor der Kommunion heißt es: „Herr Jesus Christus, der Empfang deines Leibes und Blutes **bringe mir nicht Gericht und Verdammnis**, sondern Segen und Heil" und im Ersten Hochgebet des Römischen Kanon beten wir: „Nimm gnädig an, o Gott, diese Gaben deiner Diener und deiner ganzen Gemeinde, ordne unsere Tage in deinem Frieden, **rette uns vor dem ewigen Verderben** und nimm uns auf in die Schar deiner Auserwählten."

Aber auch im katholischen Glaubensbekenntnis (Credo) beten wir: „Er ist aufgefahren in den Himmel, er sitzt zur Rechten Gottes, des allmächtigen Vaters, **von dort wird er kommen, zu richten die Lebenden und die Toten."**

Die Aussagen von Gloria Polo sind wichtige Bestandteile des katholischen Glaubens und sollen die Menschen auf den richtigen Weg bringen bzw. sie vor schrecklichen Folgen warnen.

Gloria Polo hat den Tod erlebt wie kaum ein anderer Mensch. Ihr Vortrag ist deshalb so überzeugend, weil sie schonungslos über ihre Vergangenheit spricht. Offen bekennt sie, dass sie gegen alle Gebote Gottes verstoßen hat.

Vor dem Blitzschlag fühlte sie sich noch als „gute Katholikin“, aber nach ihrem Nahtoderlebnis erkennt sie die ganze Bosheit, Schlechtigkeit und Sündhaftigkeit ihres bisherigen Lebens. Sie unterstützte die Abtreibung, wo immer sie konnte, sie vernachlässigte die Erziehung ihrer Kinder, wohingegen sie für Körperpflege und Fitness Stunden am Tage übrig hatte. Auch für Gott hatte sie keine Zeit. Durch ihre schamlose Kleidung reizte sie die Männer zum Ehebruch in Gedanken, sie ermutigte andere Frauen zur Scheidung und zur wilden Ehe, sie verachtete ihre Eltern wegen ihrer ärmlichen Herkunft, sie kritisierte die Menschen und stellte sie vor anderen bloß, sie kaufte die teuerste Mode und warf noch gut erhaltene Lebensmittel in den Müll, obwohl die Menschen in ihrer Nähe hungerten. Auch hatte sie den Vorsatz gefasst, nie mehr zur Beichte zu gehen, weil nach ihrer Überzeugung die Priester die Schlimmsten waren. Gloria Polo hatte gegen alle Gebote Gottes verstoßen und nun erkannte sie, dass ihr dafür die Hölle drohte. In dieser Situation schrie sie um Gnade und Erbarmen, flehte um eine zweite Chance. Und Jesus gewährte ihr diese zweite Chance und offenbarte ihr auch den Grund für ihre Rettung. Sie erzählt: „Der Herr zeigte mir, wie das möglich war. Ein armer Mann, indianischer Herkunft, für mich ein Heiliger unseres Landes, lebte auf dem Lande am Fuß der Sierra Nevada de Santa Marta. Er war ein armer und einfacher Bauer und hatte nicht einmal genügend zu essen für seine Familie, weil seine Ernte in jenem Jahr durch ein Feuer vernichtet worden war. Von seinen paar Hühnern hatte sich ein Fuchs den größten Teil geholt und Guerilleros hatten seinen Sohn gekidnappt, um ihn als Kindersoldat einzusetzen. Trost fand er in all der Not bei der heiligen Messe. Nach einem morgendlichen Besuch der hl. Messe kaufte sich dieser arme Campesino ein paar Lebensmittel, die in eine Zeitung vom Vortag eingewickelt wurden. Auf dieser Zeitung sah er ein Foto von meinem verkohlten Körper, wie er auf der Tragbahre an der Unfallstelle lag. Beim Betrachten dieses Fotos fiel er auf die Knie und begann bitterlich und herzzerreißend zu weinen, dann betete er: ‚Vater im Himmel, mein Herr und mein Gott, habe doch Erbarmen mit dieser meiner Schwester. Herr, rette sie, lass sie nicht zugrunde gehen, Herr, schau gnädig herab und nimm dich ihrer an. Wenn du meine Schwester rettest, verspreche ich dir, dass ich zum Heiligtum von Buga (ein Marien-Wallfahrtsort im Südwesten Kolumbiens) pilgern werde. Komm ihr zu Hilfe und rette sie.' Jesus sprach denn zu mir: ‚Siehst du, das nenne ich Nächstenliebe! Seinetwegen sollst Du auf die Erde zurückkehren!"

Gloria Polo versichert: „Ohne diesen armen Bauern wäre ich heute in der Hölle!" Sie scheut keine Mühen und Opfer, um den Menschen zu sagen, dass sie nach den Geboten Gottes leben sollen. Erschütternd ist auch ihr Bericht über einen Supermarkt-Einkauf, den sie lange vor dem Blitzschlag getätigt hatte. Die Kassiererin hatte ihr versehentlich 4500 Pesos zu viel herausgegeben, aber Gloria Polo hatte ihr das Geld nicht zurückerstattet. Bei ihrer Nahtoderfahrung wurde ihr dann vor Augen geführt, was diese Kassiererin deshalb erleiden musste. Sie berichtet: „Und wissen Sie, was das Schlimmste und am meisten Beeindruckende dabei war, wie mich der Herr diese Szene sehen ließ: Ich konnte nämlich mit eigenen Augen sehen, wie diese Frau mit ihren Kindern wirklich darunter zu leiden hatte und wie diese Familie einige Tage echten Hunger ertragen musste. Alles nur durch meine Schuld. Folgen meiner Sünde. Diese Frau erduldete alles mit ihren kleinen Kindern und musste zusätzlich noch Angst haben, ihre Arbeitsstelle an der Supermarktkasse zu verlieren. Gott zeigt uns, was wir getan haben, wer unter dieser Tat zu leiden hatte, wer die Folgen zu tragen hatte."

Auf die Frage, warum sie sich nicht um die Gebote Gottes gekümmert habe, gibt Gloria Polo eine erschütternde Antwort: „In meiner Zeit an der Universität hörte ich eines Tages einen katholischen Priester sagen, dass es keinen Teufel und eben auch keine Hölle gäbe. Sofort dachte ich bei mir: Wenn es also keinen Teufel und keine Hölle gibt, dann kommen wir alle in den Himmel. Wer braucht jetzt noch Angst zu haben? Ich kann also tun und lassen, was ich will. Das war der Grund, warum ich mich völlig von Gott entfernte. Ich entfernte mich von der Kirche und begann, über sie zu schimpfen, und nannte sie dumm und überholt. Ich hatte keine Angst mehr vor der Sünde und begann, meine Beziehung zu Gott zu zerstören. Ich fing an, alles Mögliche zu erzählen, etwa dass der Teufel gar nicht existiere, dass er eine Erfindung der Geistlichkeit sei oder, dass Gott nicht existiere und wir nur ein Produkt der Evolution seien. Im April 2010 hörte ich von einer verunsicherten Katholikin, dass ihr Pfarrer erklärt hatte, es gäbe keine Hölle. Es war eine Wiederholung dessen, was mich in die Gottesferne führte. Nur durch die unendliche Barmherzigkeit Gottes, durch viele Gebete von Christen und durch das Opfer des erwähnten indianischen Bauern wurde ich vor der Hölle bewahrt."

Dieses Beispiel zeigt auch, dass die Priester, die solche Behauptungen aufstellen, in der Ewigkeit genau erkennen werden, welche Folgen das für ihre Zuhörer hatte und wie sich dadurch viele Katholiken von der Kirche und ihrem Glauben entfernten. Sie werden die Tragweite ihres Handelns bis in die letzten Phasen erkennen und sich vor Gott verantworten müssen. Für jede Seele, die durch ihre Worte verloren ging, wird Gott Rechenschaft von ihnen verlangen, denn Jesus sagte sehr klar: „Ich will euch erklären, wen ihr fürchten sollt: fürchtet den, der Macht hat, nicht nur zu töten, sondern auch in die Hölle zu werfen. Ja, ich sage euch, Ihn sollt ihr fürchten“ (Lukas 12,5).

Gloria Polo gibt durch ihre Vorträge Zeugnis von der Existenz der Hölle. Viele ihrer Zuhörer sind tief beeindruckt und bekehren sich. Und obwohl ihr Körper durch den Blitzschlag schwerste Verbrennungen erlitten hatte, brachte sie ein gesundes Kind zur Welt. Die Tatsache, dass ihre Füße und Beine verkohlt waren und sie jetzt auf der Bühne stehen und wieder gehen kann, gibt Zeugnis von der unendlichen Barmherzigkeit Gottes und offenbart, dass Gott nicht den Tod des Sünders, sondern sein Heil möchte.

Quelle: Gloria Polo „Vom Blitz getroffen“, http://www.gloriapolo.net, Kopien sind zu beziehen bei Neuanfang, Postfach 101 in A-1011 Austria

42. Eine einzigartige Heilung führt Atheisten und Glaubenszweifler in die katholische Kirche

Vor einigen Jahren traf ich die Amerikanerin Rita Mary Klaus aus Evans City (USA). Ich hatte die Information erhalten, dass sie von einer langjährigen und gefährlichen Krankheit in kürzester Zeit geheilt wurde. Als ich sie danach befragte, antwortete sie: „Ich litt 26 Jahre an den Folgen der Multiplen Sklerose, mein Krankheitszustand wurde zunehmend schlechter infolge einer vollständigen Lähmung beider Füße und Fußknöchel und durch die strukturellen Verformungen beider Beine, die durch das Schrumpfen der Muskeln verursacht wurden. Ich hatte auch nervenbedingte Blasenentleerungsstörungen und litt an Infektionen. Mein Sehvermögen war auch in Mitleidenschaft gezogen. Meine rechte Hand zitterte so stark, dass ich nur wenige Zeilen schreiben konnte und diese nur sehr schlecht. Ich benutzte lange Fußstützen und Krücken für den Unterarm, aber die meiste Zeit des Tages verbrachte ich in einem Rollstuhl." Als ich sie nach dem Grund ihrer plötzlichen Heilung befragte, erwiderte sie: „Beim Rosenkranzbeten kam mir der Einfall, Jesus um meine Heilung durch die Fürbitte der Gottesmutter von Medjugorje zu bitten. Vorher hatte ich das Buch von René Laurentin „Erscheint die Jungfrau Maria in Medjugorje?" gelesen. Als ich nun unsere himmlische Mutter bat, sie möge sich für mich einsetzen, spürte ich, wie plötzlich eine elektrische Woge meinen Körper durchströmte und mich einen tiefen Frieden erleben ließ. Dann wurde ich müde und schlief ein. Am nächsten Morgen bemerkte ich, dass ich in meinen Füßen ein Gefühl hatte und die Zehen bewegen konnte. Ich tat etwas, was ich seit über zehn Jahren nicht mehr hatte tun können. Ich wollte meine Beinstützen entfernen, weil es so heiß war. Als ich mich bückte, um sie zu lösen, bemerkte ich, dass die Deformationen meiner Beine verschwunden waren. Von Freude überwältigt, weinte ich und dankte Gott und Maria. Ohne Beinstützen und Krücken ging ich zur Treppe, die zum zweiten Stock hinaufführte. Ich sagte mir: Wenn ich geheilt bin, kann ich diese Treppe hinaufrennen! Ich rannte die Treppe hinauf und lief über den ganzen Platz!"

Als meine Gesprächspartnerin ihren Mann, ihren Arzt und ihren Pfarrer anrief und ihnen dieses Ereignis mitteilte, wollte ihr keiner glauben, sie hielten das für unmöglich. Als sie dann ihren Arzt aufsuchte, gab der ihr nach einer gründlichen Untersuchung zu verstehen, dass keine Anzeichen von Multipler Sklerose mehr vorhanden waren. Sie berichtet: „Alle Reflexe waren normal, das Gleichgewicht und die Muskelstärke ebenfalls, das Zittern war verschwunden. Der Arzt konnte es nicht glauben. Er beteuerte mir, dass in seiner Praxis noch nie ein solcher Fall vorgekommen sei. Es waren keine Zeichen von Deformationen mehr vorhanden, auch die Lähmung und der damit verbundene Muskelschwund waren weg. Mein Arzt sagte, dass mir mit dieser Heilung ein zweites Leben geschenkt worden sei. Und beim Abschied riet er mir: ‚Gehen Sie in die Kirche und danken Sie Gott!'

Glücklich bekennt die Amerikanerin heute: „Ja, ich bin in einem ausgezeichneten Gesundheitszustand und seit dem Tag meiner Heilung ist mir, als sei ich nie krank gewesen. Ich bin jetzt in der Lage, für meinen Mann und meine drei Töchter zu sorgen. Außerdem bin ich jetzt in unserer Gemeindeschule mit den Fächern Musik und Naturwissenschaft voll beschäftigt."

Die Heilung von Rita Mary Klaus gab vielen Menschen Anlass, über den katholischen Glauben nachzudenken und sich neu zu orientieren. So haben sich etwa alle Verwandten meiner Gesprächspartnerin der katholischen Kirche zugewandt. Die Geheilte berichtet: „Mehrmals in der Woche gebe ich Zeugnis von meiner Heilung – manchmal vor Gruppen von 25 Leuten, manchmal vor mehr als tausend Personen in den Vereinigten Staaten und in Kanada. Dadurch hören viele Menschen die Botschaft von Frieden und Hoffnung, die Gott uns durch seine heilige Mutter in Medjugorje verkündet. Seit meiner Heilung erzählen mir viele Menschen, dass durch mich ein großer Friede in sie einkehre. Viele dieser Leute bekehren sich und empfangen die heiligen Sakramente. Für mich ist das ein Wunder und ich danke Gott, dass er mich zum Kanal seiner Gnaden benutzt, die den Menschen zuströmen."

Nur Gott allein weiß, wie viele Atheisten und Kirchenhasser durch das Zeugnis meiner geheilten Gesprächspartnerin den Weg zur katholischen Kirche wiedergefunden haben und noch finden werden.

43. Ein Freimaurer findet in Lourdes den katholischen Glauben und seine Frau wird geheilt

Eine aufsehenerregende Heilung einer Gelähmten und die Bekehrung ihres Mannes veröffentlichten die französischen Medien. Dr. Maurice Caillet, aus einer antiklerikal eingestellten Familie stammend, war Gynäkologe in der Klinik von Rennes und Mitglied der Freimaurerloge „Grand Orient de France". Seine Frau Claude erkrankte unheilbar und erlitt eine vollständige Lähmung. Die Ärzte waren ratlos und nach einer erfolglosen Thermalkur in den Pyrenäen bat die Gelähmte ihren atheistischen Mann, sie nach Lourdes zu bringen. Davon war er keineswegs begeistert, doch in seiner Verzweiflung erfüllte Caillet den Wunsch seiner Frau, verbunden mit der Hoffnung, dass ihr das Baden dort vielleicht eine psychosomatische Besserung verschaffen könnte. Das war Anfang Februar 1984. Er erzählt: „Während meine Frau auf ihr Bad wartete, stand ich draußen im eiskalten Nieselregen. Wärme suchend landete ich zufällig in der nahen Krypta der Basilika, wo gerade eine Messe gefeiert wurde. Als das Evangelium vorgelesen wurde, hörte ich den Text des Matthäusevangeliums: „Klopfet an und es wird euch aufgetan werden!" Diese Worte Jesu durchfuhren mich wie ein Blitz, denn es waren erstaunlicherweise dieselben Worte, die ich aussprechen musste, um einen höheren Rang in meiner Freimaurerloge zu erhalten. Gleichzeitig hörte ich deutlich eine Stimme: ‚Du hoffst, dass deine Frau hier geheilt wird, aber was gibst du selbst für die Heilung von Claude?' Es brauchte nicht lange, bis ich verstand, dass ich Gott nichts anderes zu schenken hatte, als mich selbst. Das ist wenig, aber doch viel für einen Atheisten, der 40 Jahre gegen die katholische Kirche gekämpft hat. Unter diesem starken Eindruck folgte ich gleich nach der Messe dem Priester in die Sakristei und sagte: ‚Ich will sofort getauft werden!' Dieser erklärte mir, ich müsse mich erst darauf vorbereiten.

Frau Claude Caillet war nach dem Bad noch genauso krank wie vorher. Ihr Mann hingegen spürte innerlich deutlich: „Statt den Körper meiner Frau zu heilen, hat Jesus begonnen, meine Seele und meinen Geist zu heilen. Gott weiß am besten, was wir brauchen." Zwei Monate später, es war die Osternacht, empfing Maurice Caillet die Taufe. In dieser Nacht wurde ihm so durch das Sakrament der Taufe die Vergebung aller Sünden seines vergangenen Lebens und gleichzeitig die vollständige Versöhnung mit Gott geschenkt. Darüber schrieb er: „Ich empfand die Freude, als Kind Gottes angenommen zu sein, reingewaschen von meinen Sünden, aufgenommen als Bruder in eine arme, barmherzige Gemeinschaft, in eine geistige Familie. Und der Gesundheitszustand von Claude hatte sich inzwischen auch so rapide gebessert, dass sie bei meiner Taufe dabei sein konnte und später sogar wieder zu arbeiten begann."

Vergegenwärtigen wir uns noch einmal die bereits zitierten Worte des ehemaligen Mitgliedes der Großloge Burkhardt Gorissen, nachdem er den Weg zur katholischen Kirche wiedergefunden hatte: „Ein anonymer Anruf hat mich kurzzeitig etwas stutzig gemacht: ‚Den Verrat liebt man, aber nicht den Verräter. Du weißt, was mit Verrätern passiert!'"

Dr. Caillet hatte der Freimaurerloge inzwischen den Rücken gekehrt, weshalb er mit dem Tode bedroht wurde. Zu seinem Selbstschutz suchte er eine breite Öffentlichkeit und hält deshalb in ganz Frankreich Vorträge, in denen er immer wieder betont, wie unbegreiflich es ihm bis heute ist, dass er aus seiner kompletten Antikirchlichkeit heraus so überraschend zu einem Leben der Gnade und des Glaubens hatte finden können.

Quelle: Triumph des Herzens, 2019/ Nr. 153

44. Aus den Fängen Satans fand ich durch Maria den Weg zur katholischen Kirche

Ein erschütterndes Interview gab mir eine junge Frau über ihre schreckliche Vergangenheit und ihre Rettung. „Bis zu meinem zwölften Lebensjahr hatte ich einen Kinderglauben, danach ließ mein religiöses Interesse nach und verschwand schließlich ganz. Mit fünfzehn Jahren wurde ich extrem magersüchtig und musste in eine psychiatrische Klinik eingeliefert und zwangsernährt werden. Irgendwie war mir bewusst, dass die Krankheit etwas mit dem Verlust meines Glaubens zu tun hatte. Nach meinem Klinikaufenthalt sprach niemand mit mir über Gott. Ich engagierte mich von jetzt an politisch, orientierte mich immer weiter nach links, war bei Demonstrationen dabei, besuchte Rockkonzerte, bis ich eines Tages die große Liebe fand. Doch sie wurde für mich eine bittere Enttäuschung, die fast mit meinem Selbstmord endete. In dieser Not versprach eine Person, mir zu helfen. Sie gab mir eine Spritze – ich war damals gerade achtzehn Jahre alt – und so wurde ich drogenabhängig. Kurz darauf musste ich ins Krankenhaus. Der Drogenmissbrauch hatte zu einem gefährlichen Darmverschluss geführt. Nach meiner Entlassung begab ich mich in Rockerkreise, besuchte wilde Feste, nahm sporadisch Drogen, später alle Arten von Drogen, auch Heroin. Eines Tages ging ich mit anderen in eine leere Fabrik, um dort Musik zu machen. Ich sonderte mich etwas ab, um das Gebäude näher zu untersuchen. Als ich auf dem Dach war, stürzte ich plötzlich vier Meter in die Tiefe. Für einige Zeit war ich bewusstlos, schließlich wurde ich von den anderen gefunden. Mit einem Becken- und einem Schambeinbruch wurde ich in die Klinik eingeliefert. Hier machte ich mir Gedanken über den Sinn des Lebens. Als ich endlich nach fünf Wochen zum ersten Mal wieder gehen konnte, besuchte ich die Kapelle des Krankenhauses, um eine Kerze anzuzünden und mich zu bedanken."

„Dann", so erinnerte sich die junge Frau, „kehrte ich zu meinem gewohnten Leben zurück. Es kam noch extremer, weil ich mich dem okkulten Bereich zuwandte. Ich hatte Kontakt zu Personen, die sich mit Dämonen einließen. Es folgten massive Angriffe Satans auf meine Seele. In mir sah es immer schwärzer aus, ich konnte ohne Drogen nicht mehr leben und hatte häufig Männerbekanntschaften. Ich war in einem richtigen Teufelskreis gefangen. Als nichts mehr ging, wollte ich auch nicht mehr weiterleben. Ich hatte das Leben satt. Es hing nur noch an einem hauchdünnen Faden."

Ich wollte wissen, wie es zu der entscheidenden Wende in ihrem jungen Leben kam. Sie erwiderte: „Die Wende habe ich meiner Mutter zu verdanken. Sie berichtete mir von ihren Erfahrungen in Medjugorje. Jemand schenkte mir eine Reise zu diesem Ort. Die Fahrt dorthin und die ersten vier Tage waren für mich entsetzlich. Es war für mich die Hölle. Ich ging jedem Gespräch aus dem Weg, machte einen großen Bogen um die Kirche und verschanzte mich in meinem Zimmer. Ich weiß noch sehr genau, dass ich wutschnaubend vor dem Kreuz in meinem Zimmer stand und das Kreuz anschrie: ‚Was willst du von mir? Lass mich in Ruhe!' Es war mir dabei nicht entgangen, dass etwas in mir vorging. Zunächst hielt ich alle Pilger für verrückt, doch unterschwellig hoffte ich auf ein Wunder. Bald kam der Augenblick, wo ich mir selbst blöd vorkam. Meine Mutter ging zu Pater Petar und erzählte ihm von meiner Krankheit. Irgendwann entschloss ich mich freiwillig, zu ihm zu gehen. Die Beichte, die ich bei ihm ablegte, führte zu meiner Bekehrung. Eine Stunde dauerte diese Beichte, aber danach war ich ein neuer Mensch. Ich spürte, wie die ganze schreckliche Vergangenheit von mir abgewaschen wurde. Zum ersten Mal in meinem Leben fühlte ich mich von Gott geliebt. Pater Petar sagte mir während der Beichte ganz offen, das ich in der schwersten Todsünde lebe und dass Gott mich trotzdem sehr liebe. Er riet mir, ich solle noch eine Zeitlang hier in Medjugorje bleiben. Nach zwei Wochen fuhr ich wieder nach Hause." Als ich sie fragte, ob sie die Botschaften von Medjugorje in ihrem Leben verwirkliche, gab sie zur Antwort: „Ich lebe die Botschaften, gehe täglich zur hl. Messe und empfange dabei die hl. Kommunion. Ich beichte jeden Monat und bete täglich den Rosenkranz!"

Nach ihren Empfindungen befragt, versicherte sie: „In mir ist ein großer Frieden, aber auch eine große Sehnsucht nach einer besseren Welt, nach Frieden und nach Gott. Für mich ist Gott zum Mittelpunkt meines Lebens geworden. Ich liebe Maria, meine himmlische Mutter, weil ich ihr alles zu verdanken habe. Sie ist die große Gnadenvermittlerin. Rückblickend kann ich sagen, dass ich alles Medjugorje zu verdanken habe. Ohne die Hilfe der Gottesmutter wäre ich heute nicht mehr am Leben. Ich bin mir ganz sicher, wenn ich vor meinem Besuch in Medjugorje gestorben wäre, so hätte mich Gott wegen meiner schrecklichen Sünden nicht in den Himmel geholt!"

Schließlich konnte ich mich auch bei der Mutter über das Befinden ihrer Tochter, meiner Interviewpartnerin, erkundigen. Sie stellte fest, dass durch die Beichte an ihrer Tochter zwei Wunder geschehen sind: Es wurde nicht nur ihre kranke Seele, sondern auch ihr kranker Leib geheilt. Denn seit dieser Beichte bis heute ist ihre Tochter von Drogen befreit. Für Drogenexperten ist dies ein unerklärlicher Fall, aber bei Gott ist alles möglich!

45. Ein jüdischer Katholikenhasser findet durch Fatima den Weg zum katholischen Glauben

Der jüdische Professor Dr. William Hermanns hatte sein ganzes Leben lang als Bibelforscher gearbeitet und empfand für die katholische Kirche nur Spott und Hohn. Er hatte alle Schriften über Judentum, Protestantismus, Hinduismus und Koran studiert, nur um den Katholizismus machte er einen großen Bogen, weil Erziehung und Vorurteile ihn davon abhielten. Umso verwunderlicher war daher, dass ihn, als er zu Gast bei einer Familie in Kalifornien war, dort eine Fatima-Madonna dermaßen faszinierte, dass er das Gefühl hatte, sie würde zu ihm sprechen. Innerlich vernahm er deutlich eine Stimme, die zu ihm sagte: „Kehre heim, bessere dich!" Als er sich bemühte, dieser Stimme zu folgen, wurde aus dem einstigen Spötter ein rastlos Suchender. Er studierte die Ereignisse von Fatima und er untersuchte mit größter Gründlichkeit die Kritik an der katholischen Kirche. Immer mehr erkannte er die großen Wahrheiten dieser Religion und er begegnete Kardinälen, Bischöfen, Priestern und Ordensleuten, die ihm auf dem Weg zum katholischen Glauben weiterhalfen. Besonders durch den berühmten amerikanischen Bischof Fulton Sheen, der die Menschen im Fernsehen durch seine Predigten stark motivierte, konnte sich Professor William Hermanns entschließen, zum katholischen Glauben zu konvertieren. Aus einem ehemaligen Spötter und Lästerer wurde ein überzeugter Katholik, der in seinem neuen Glauben das fand, was er sein Leben lang vermisst hatte: Frieden, Freude und Geborgenheit! Und er selbst konnte nun vielen Menschen ein Wegweiser sein.

Quelle: Vertrau auf die Mutter, St. Grignion Verlag, Altötting

46. Eine Methodistenfamilie findet nach langem Suchen den Weg in die katholische Kirche

Beth Burr lebte auf einer Farm in Muscatine am Westufer des Mississippi. Ihre Mutter war Katholikin und ihr Vater Mitglied einer Methodistengemeinde. Jeden Sonntag ging sie mit ihren Geschwistern zum Sonntagsgottesdienst in die Methodistenkirche. Eines Tages bekam ihr Vater schwere Depressionen und suchte nach dem Sinn des Lebens. Seine Mutter gab ihm ein Buch über die protestantische Version des Reueaktes und des Glaubensaktes, der besagt, dass Jesus jedermanns persönlicher Herr und Retter ist. Darauf erlebte er eine aufrichtige Bekehrung. Dieses Ereignis war für Beth ein Wendepunkt in ihrer Gottesbeziehung. Sie erzählt: „Ich hatte etwas wie ein Loch in meinem Inneren. Und dank meines Vaters wusste ich, dass dort, wo dieses leere Etwas war, eigentlich Gott sein sollte. So begannen wir zwei, in unserem gemeinsamen Streben, Gott zu finden und besser kennenzulernen, mit neuem Elan und viel treuer zum sonntäglichen Methodisten-Gottesdienst zu gehen. Nicht lange und ich musste feststellen, dass jenes Loch in mir trotzdem da war, ja sogar noch größer wurde. Ich wollte Gott finden, aber der Sonntagsgottesdienst bei den Methodisten war nicht genug, etwas fehlte. Mein Vater empfand ähnlich." Beth und ihr Vater besuchten auch in anderen Gegenden die Gottesdienste von Baptisten und Evangelikalen, aber ihr inneres Sehnen nach Gott wurde nicht gestillt. Als ihre Mutter, eine nichtpraktizierende Katholikin, ihrem Mann im Scherz sagte: „Warum versucht ihr es nicht einmal mit einer katholischen Messe?", besuchten Beth und ihr Vater einen katholischen

Gottesdienst. Darüber berichtet Beth: „Als ich erstmals die katholische St.-Matthias-Kirche betrat, wurde ich derart von einer inneren Wärme und der Liebe Gottes erfasst, dass mein erster Gedanke war: „In dieser Kirche ist Gott! Ich habe Ihn gefunden!" Mir, einem elfjährigen Mädchen, brannte regelrecht das Herz vor Liebe und ich wollte nicht, dass es aufhörte. Ich war so glücklich und erfüllt! Und das, obwohl ich keine Ahnung von der Gegenwart Jesu im Sakrament der hl. Eucharistie hatte. Im Augenblick meines Eintretens ins Gotteshaus wurde mir zudem das erste Mal deutlich meine Berufung zum gottgeweihten Leben bewusst."

Später schreibt sie: „Nach dieser denkwürdigen hl. Messe gab es daheim keine weitere Diskussion mehr. Von der Gnade berührt, hatten wir alle an jenem Samstagabend in der katholischen Kirche Einheit und Liebe und vor allem Gott selbst gefunden. Seitdem tat jedes Familienmitglied bewusst den entscheidenden Schritt hin zur katholischen Kirche. Beth, die sich in einer religiösen Gemeinschaft ganz Gott geschenkt hatte, versichert heute: „Als ehemalige Methodistin bin ich überaus dankbar, in einer eucharistisch-marianischen Gemeinschaft sein zu dürfen. Ich weiß, meine Berufung ist ein Geschenk, das nicht mir allein gehört und für das ich nie genug danken kann. Gott ließ sich von mir finden und erwählte mich zu Seiner Braut."

Quelle: Triumph des Herzens, 2014, Nr. 127

47. Viele Prostituierte finden den Weg zum katholischen Glauben

Der Bürgermeister einer ostslowakischen Stadt bat den Bischof, einen seiner Priester, der zugleich auch eine ärztliche Ausbildung haben sollte, zu beauftragen, mit den zahlreichen Prostituierten der Stadt über die gesundheitlichen Risiken der Prostitution zu sprechen. Tatsächlich standen dem Bischof einige solcher Priester zur Verfügung, die in der Verfolgungszeit geheim geweiht worden waren und als staatlich angestellte Ärzte ganz unauffällig, aber sehr segensreich, priesterlich gewirkt hatten. Der Bischof entschied sich für Jan, einen aufgeschlossenen und erfahrenen Priester. Doch Jan war keineswegs erfreut darüber, diese heikle Aufgabe zu übernehmen. Er dachte sich: „Muss ich mich jetzt auch noch mit ‚diesen da' abgeben und mich um ‚solche' kümmern!" Dennoch nahm er den bischöflichen Auftrag an und begab sich zum Gemeindesaal, wo auf Veranlassung des Bürgermeisters die betreffenden Mädchen und Frauen versammelt waren. Vorher ging er aber noch in die nahe gelegene Kirche vor den Tabernakel. Da geschah etwas Ergreifendes: Jan war, als Priester und Arzt, ein sehr nüchterner Mensch. Noch nie in seinem Leben hatte er die Stimme seines Herrn vernommen und auch nicht im Geringsten daran gedacht, dass ihm das je passieren könnte. Als er aber vor dem Tabernakel betete und in seiner Lustlosigkeit klagte: „Mein Gott, muss ich wirklich zu ‚diesen da' sprechen?", vernahm er ganz überraschend in seinem Inneren die milden Worte: „Jan, warum sagst du ‚diese da' und ‚solche'? Du hast nicht für sie gelitten. Ich aber habe für sie gelitten und ich bin für sie gestorben. Ich trage sie alle als weiße Lilien in meinem Herzen. Sage ihnen das!" Von dieser barmherzigen Liebe tief erschüttert, konnte Jan seine Tränen kaum zurückhalten. Er bemühte sich jedoch um Fassung, denn die Frauen warteten auf seinen Vortrag. Aber Jan war nun ganz anders eingestellt, denn in den wenigen Augenblicken, in denen er die Stimme seines Herrn vom Tabernakel her vernommen hatte, erfuhr er eine innere Verwandlung. In einem völlig neuen Geist, nämlich dem von Barmherzigkeit und Mitleid, hielt er nun seinen Vortrag, an dessen Ende er auch den Mut fand, den Mädchen und Frauen zu erzählen, was er zunächst über sie gedacht und was ihm der Herr für sie hatte ausrichten lassen: „Ich trage sie alle als weiße Lilien in meinem Herzen und ich habe für sie gelitten und bin für sie gestorben." Da ging ein Schluchzen und Weinen durch die Reihen, alle versprachen, ihr Leben zu ändern, und jene, die getauft waren, baten um das Sakrament der Beichte" **(Ave-Kurier, Okt. 2003).**

48. Ich lernte viele Sekten kennen, aber meinen Frieden fand ich in der katholischen Kirche

Während eines Auslandsaufenthaltes begegnete ich einem jungen Mann aus Australien, der über seinen wiedergefunden Glauben ein wunderbares Zeugnis ablegte. Er schilderte: „Ich war auf der Suche nach Gott, denn ich war ohne Religion. Ich hatte keinen Glauben, keine Taufe, ich hatte nichts. Vor zwei Jahren stellte mein Arzt bei mir eine nervöse Disposition fest und empfahl mir Meditationsübungen. Während der Meditation dachte ich über Gott nach, vor allem über meine Beziehung zu ihm. Ich suchte mehrere Sekten auf. Etwa drei Monate war ich in Indien, dann arbeitete ich nahezu 18 Monate in Bagdad im Irak. Hier machte ich meine ersten Erfahrungen mit dem Islam. In dieser Zeit las ich viele Bücher über Religionen, aber es war kein Buch über den katholischen Glauben darunter. Dann ging ich nach London und begegnete meinem Freund. Er kam eben aus Medjugorje zurück. Für mich war sein Bericht über diesen Ort seltsam und interessant zugleich. Da ich durch Europa reiste, wollte ich auf der Fahrt auch Medjugorje kennenlernen. Und tatsächlich: Bald konnte ich nach Medjugorje gelangen. Ich fühlte, dass es kein gewöhnlicher Ort war, denn ich spürte die Nähe Gottes in meinem Herzen. Ich war ohne Frieden nach Medjugorje gekommen. Heute habe ich Frieden. Der Grund meines Herzensfriedens besteht darin, dass ich weiß: Gott liebt mich! Die Liebe Gottes zu mir verlangt nach einer Antwort und diese Antwort bedeutet: Ich muss Gott und die Schöpfung lieben. Heute weiß ich um die Schwere der Sünde. Die Sünde zerstört die Harmonie und Liebe zwischen mir und Gott und allem. Ich entdeckte hier das Gebet. Als ich etwa eine Woche in Medjugorje war, betete ein Pilger, der die Gabe hatte, Jesus und Maria mit dem Herzen zu sehen und mit ihnen Zwiesprache zu halten, für mich, indem er seine Hände über mich hielt. Während dieses Gebetes fühlte ich in unaussprechlicher Weise, wie der Heilige Geist in mich einkehrte. In diesen Augenblicken hatte ich kein Empfinden für Zeit und Raum. In mir war ein unbeschreiblicher Friede und eine übergroße Freude. Am Ende spürte ich eine unbedingte Sehnsucht nach der Taufe. Mir wurde bewusst, dass ich durch die Taufe ganz Jesus und Maria gehören würde. Schließlich ging ich nach Australien und bereitete mich auf die Taufe vor. Nach fünf Wochen kehrte ich wieder nach Medjugorje zurück und empfing hier die Sakramente der Taufe und der Firmung. Die Seher Marija und Ivan waren meine Paten. Ich lebe jetzt in Medjugorje für den Augenblick und ich weiß sehr genau, dass die Mutter Gottes eine Botschaft für mich und uns alle hat. Diese Botschaft der Liebe will ich von jetzt an in meinem Leben verwirklichen."

49. Claudia Koll wurde durch ihren katholischen Glauben aus den Fängen Satans befreit

Claudia Koll ist eine berühmte italienische Schauspielerin. Sie berichtet: „Nach der Schauspielschule begann ich am Theater zu arbeiten, doch bald spürte ich den harten Konkurrenzkampf und lernte Armut und Hunger kennen. Geld und eine verlockende Karriere bewegten mich dazu, das natürliche Schamgefühl zu überwinden. Ich hatte Erfolg und wurde durch weitere Filme dieser Art über Italien hinaus bekannt. Mit meinen Rollen verdiente ich zwar sehr viel Geld, doch ich dachte nie daran, anderen, die in Not waren, damit zu helfen. Wie meine Kollegen vergeudete ich maßlos, was ich besaß. Nichts genügte mir. Nichts konnte mich zufrieden stellen. Ich lebte im Reichtum und war dennoch innerlich einsam und unglücklich. In der Theater- und Filmwelt gibt es keine aufrichtigen Beziehungen. Schon seit einiger Zeit suchte ich bei meditativer Musik aus dem New Age und Reiki Hilfe. Als ich eines Abends wieder diese Musik einschaltete, erlebte ich plötzlich die unsichtbare, aber wirkliche Gegenwart einer Person, die mir befahl: ‚Du sollst hassen!' Ohne zu überlegen, antwortete ich: ‚Nein, ich bin geschaffen, um zu lieben!' Diese Antwort kam nicht aus mir selbst, denn da ich weit von Gott entfernt und in der Todsünde lebte, wäre ich gar nicht in der Lage gewesen, so zu antworten. Nachdem ich diese Worte gesprochen hatte, spürte ich, wie sich etwas – ähnlich einer Spirale – um meine Füße wand, um mich zu erdrücken. Ich bekam panische Angst, denn ich verstand sofort, dass diese Kraft mich töten wollte. Der Druck kam meinem Herzen immer näher und begann meinen Atem zu blockieren. In dieser Todesnot ergriff ich ein Kreuz, das mir drei Tage zuvor ein Freund geschenkt hatte, und rief in Erinnerung an meine Großmutter aus ganzem Herzen: ‚Mein Gott, hilf mir!' Dann begann ich, laut das Vaterunser zu beten, das einzige Gebet, das mir noch einfiel. In diesem Moment griff Gott in mein Leben ein. Bei den Worten ‚Vater unser' ließ mich die fremde, tödliche Macht augenblicklich los. Es war, als würde jemand ein Fenster öffnen, sodass in meine innere Dunkelheit Licht einbrach. Großer Friede durchdrang mich und ich war mir bewusst, dass mich der göttliche Vater vor dem inneren und äußeren Tod gerettet hatte."

Trotz dieses erschütternden Erlebnisses änderte sich zwar nichts an Claudias Lebensstil, doch von nun an war sie auf der Suche nach dem ihr widerfahrenen Frieden, der alles übertraf, was sie bisher erlebt hatte. Sie ging häufig in eine der vielen Kirchen Roms und suchte die Stille. Bei einem Kirchenbesuch, wo das Allerheiligste ausgesetzt war, wurde sie sich ihrer Sünden bewusst und erlebte gleichzeitig die unendlich zärtliche Liebe des Göttlichen Vaters. Was dann geschah, beschreibt Claudia sehr eindrucksvoll: „In diesem Moment ergriff mich die Liebe Gottes derart, dass mich meine Beine nicht mehr trugen. Wie im Gleichnis der barmherzige Vater mit ausgebreiteten Armen auf den verlorenen Sohn gewartet hat, so wartete Er auch auf mich und umarmte mich, ohne mich zu verurteilen. Ich lernte einen Gott kennen, der durch und durch Liebe und Barmherzigkeit ist. Es ist wahr, was Papst Johannes Paul II. schreibt: ‚Gott bekehrt durch die Liebe.'"

Heute ist Claudia davon beseelt, nur noch solche Rollen zu spielen, die die Liebe des himmlischen Vaters in den Mittelpunkt stellen, und sie träumt von einer Kunst, die Gott die Ehre gibt. Besonders eindrucksvoll ist ihre Rolle in dem Musical „Weg des Kreuzes, Weg des Lichtes", in dem sie die Schmerzensmutter Maria spielt. Bereits 19-mal wurde diese Passion in Italien vor ergriffenem Publikum aufgeführt. Im Jahre 2005 gründete sie mit Freunden den Wohltätigkeitsverein „Die Werke des Vaters". Die Mitglieder dieses Vereins machen es sich zur Hauptaufgabe, die Liebe des barmherzigen Vaters überall zu verkünden, indem sie Einsame, Kranke und Gefangene besuchen. Ein großes Hilfsprogramm sammelt für Notleidende in Burundi und im Kongo und versucht, überall die seelische und materielle Not zu lindern.

Quelle: Triumph des Herzens, 2009, Nr. 95

50. Das vertrauende Gebet führte zu einer Heilung und zur Bekehrung einer Familie

Vor einiger Zeit begegnete ich einem Wissenschaftler aus Belgien. Er berichtete von einem tragischen Unfall: „Ich hatte zusammen mit meiner Familie einen schweren Verkehrsunfall. Meine Frau lag im Sterben, sie hatte einen Wirbelbruch im Halsbereich, das Gehirn war bei dem Unfall schwer geschädigt worden; sie konnte nicht mehr sprechen. Meine zwei Kinder und ich kamen mit leichten Verletzungen davon. Im Krankenhaus der Universität Amsterdam sagte einer der Neurologen: „Bleiben Sie ruhig, in ein oder zwei Tagen ist alles vorbei." Nach zwei Tagen sagte der gleiche Mediziner: „Sie haben kein Glück, Ihre Frau wird am Leben bleiben, aber sie wird zeitlebens ihren Verstand nicht mehr gebrauchen können!" Doch nach zwei Monaten war meine Frau vollständig geheilt, kein Mensch konnte diese Heilung erklären. Alle Ärzte waren ratlos. Zwei Monate lang hatte ich Gott wegen meines harten Schicksals schwere Vorwürfe gemacht. Meine Frau sagte nach ihrer Heilung: „Jetzt habe ich verstanden, dass man jeden Tag sterben kann. Wir müssen deshalb das Leben genießen, solange wir auf Erden sind." Trotz dieser unerklärlichen Heilung entfernten wir uns immer mehr von Gott. Später sagte meine Mutter: „Verstehst Du denn nicht, warum Deine Frau gesund geworden ist? Ich hatte eine Ordensschwester vom Karmel gefragt, ob sie für euch beten würde. Später erzählte diese Schwester, dass sie zusammen mit dem ganzen Kloster zur Mutter Gottes vom Berge Karmel und zu Pater Pio gebetet hätte. Diese Schwester bat uns, nach San Giovanni Rotondo zu Pater Pio und nach San Damiano zu fahren. Nach vielen Schwierigkeiten fuhr ich mit meiner Frau ohne unsere Kinder nach San Damiano. Dort erlebten wir ein großes Wunder, das drei Stunden dauerte. Auf der Rückreise haben wir in Ars eine Generalbeichte abgelegt. Zu Hause begann ich sofort mit Vorträgen über Pater Pio und San Damiano."

Als ich mich nach seinen Zukunftsplänen erkundigte, erwiderte er: „Heute mache ich keine Pläne mehr, sondern überlasse alles mit großem Vertrauen der göttlichen Vorsehung."

Der katholische Glaube und das vertrauende Gebet eines ganzen Schwesternkonvents wurde für eine Frau, die von den Ärzten aufgegeben wurde, zum Lebensretter und führte die ganze Familie wieder zur Kirche. Nur Gott allein weiß, wie viele Menschen durch die religiösen Vorträge meines Gesprächspartners inzwischen den Weg zum Glauben gefunden haben.

51. Ein Mörder findet durch seinen katholischen Glauben einen tiefen Herzensfrieden

Peter schrieb aus der Justizvollzugsanstalt einen erschütternden Brief: „Ich heiße Peter und habe noch dreizehn Jahre Gefängnis vor mir. Nach einem Jahr Haft begab ich mich auf die Suche nach christlichen Gruppen. So lernte ich auch die Emmaus-Gruppe kennen. Langsam entwickelte sich eine Vertrautheit, die ich im Gefängnis nie erwartet hatte. Vor allem freute ich mich über die Unvoreingenommenheit und die Tatsache, als Mensch behandelt zu werden. Ich machte die Erfahrung, dass sich meine neuen ‚Geschwister' nicht von mir entfernten, als sie erfuhren, dass ich einem Menschen das Leben genommen hatte. So fasste ich nach und nach den Mut, eine Beichte bei einem Franziskanermönch abzulegen. Noch nie in meinem Leben fühlte ich mich so befreit. Eine tonnenschwere Last verschwand augenblicklich. Nun bete ich in meiner Zelle zu Jesus. Viele meiner Mitgefangenen belächeln es, aber immer mehr von ihnen beginnen darüber nachzudenken, weshalb ich trotz der langen Haftstrafe so fröhlich bin. Ich sage jedem, dass es Jesus ist, der mir täglich diese Kraft aufs neue schenkt. Man muss nur den Mut haben, mit Jesus zu leben. So paradox es klingen mag, ich bin froh und glücklich, trotz meiner Situation. Dank Jesus bekam ich ein neues Leben geschenkt. Ich bekam eine Arbeit, die mir Freude bereitet, und Jesus schenkte mir neue Freunde. Nun möchte ich mich bei den ehrenamtlichen Mitarbeitern bedanken, die ihre Freizeit opfern, um Gefangenen wie mir Mut und Hoffnung zu schenken.

Quelle: Emmaus-Rundbrief

52. Ein Kirchenhasser gerät in große Not und findet das Erbarmen Gottes im katholischen Glauben

Bartolo Longo verbringt eine glückliche Kindheit in seinem katholischen Elternhaus. Er entschließt sich, Rechtsanwalt zu werden. Das freie Studentenleben genießt er und bald hat er keine Zeit mehr für das Gebet. Gott wird ihm immer fremder. Die liberalen und antiklerikalen Strömungen an der Universität in Neapel sind die Ursachen für seinen wachsenden Kirchenhass. Er organisiert antiklerikale Konferenzen und hetzt gegen die Priester und die katholische Kirche. Jeder, der die katholische Kirche beschimpft und verleumdet, findet sein Lob und seine Anerkennung. Bartolo wird zwar ein glänzender Anwalt, doch in seinem Inneren fühlt er sich unglücklich. Ein Freund nimmt ihn zu einer spiritistischen Sitzung mit. Zuerst sieht alles aus wie ein Spiel, doch nach kurzer Zeit gerät er immer mehr in die Fänge des Spiritismus und des Magnetismus. Er wird Medium und schließlich Priester im Spiritismus. Auf der Suche nach neuen Erkenntnissen im Bereich des Spiritismus fastet er streng und findet immer weniger Schlaf. Innere Unruhe, Zerrissenheit und Depressionen machen aus ihm ein menschliches Wrack. Bartolo ist gesundheitlich am Ende, er spürt deutlich, dass er sein Leben ruiniert hat. Gibt es für ihn überhaupt noch eine Rettung? Bartolo kann sich noch aufraffen, zu einem befreundeten Professor zu gehen. Diesem gelingt es, den Unglücklichen und Verzweifelten zu einem glaubenstiefen und hochgebildeten Dominikaner zu schicken. Nach einem langen und schrecklichen Jahr kann sich Bartolo endlich unter größten Schwierigkeiten und Hemmungen dazu entschließen, bei diesem Priester eine Lebensbeichte abzulegen. Unter Tränen beichtet der 24-jährige Rechtsanwalt, danach erfährt er einen beglückenden inneren Frieden, der aus der Vergebung Gottes strömt. Sein Beichtvater legt ihm besonders das Rosenkranzgebet ans Herz, damit er nicht wieder dem Spiritismus verfalle. Nach langen Irrwegen kehrt der verlorene Sohn wieder in die katholische Kirche zurück. Mutig besucht er zum letzten Mal eine Spiritistensitzung und gibt seine Mitgliedskarte ab, dabei ruft er laut: „Ich widersage dem Spiritismus, der nichts als ein Labyrinth von Irrtümern und Lügen ist!“ Ebenso mutig besucht er Studententreffen und Cafes, wo er öffentlich den Spiritismus verurteilt und seinen katholischen Glauben bekennt und verteidigt. Viele der Zuhörer werden durch das offene Bekenntnis dieses Rechtsanwalts angeregt, über ihre Einstellung zur katholischen Kirche nachzudenken, und einige finden wieder den Weg zum katholischen Glauben und zur Kirche.

Quelle: Triumph des Herzens, 2002, Nr. 51

53. Ein Freimaurer und ehemaliger Erzbischof findet den Weg zur Kirche zurück

Der ehemalige Erzbischof und Freimaurer de Pradt von Mecheln ringt mit dem Tode. Er hat sich von seinem katholischen Glauben und der Kirche radikal entfernt. Als sich der Erzbischof de Quelen von Paris mit der wundertätigen Medaille dem Sterbenden nähert, wird er schroff zurückgewiesen. Wieder zu Hause betet Erzbischof de Quelen um Gnade und Erbarmen und beruft sich besonders auf die Macht der wundertätigen Medaille, die er in Paris hatte prägen lassen. Lange und innig betet er um die Bekehrung des abgefallenen Mitbruders. Kaum hat er sich vom Gebet erhoben, da wird ihm gemeldet, der sterbende Erzbischof verlange nach ihm. Der ehemalige Erzbischof hat sich durchgerungen, der Freimaurerei zu entsagen. Er beichtet bei Erzbischof de Quelen und empfängt reumütig die Sterbesakramente. Endlich nach langem Ringen hat er Frieden mit Gott und seiner Kirche gefunden. Noch in derselben Nacht stirbt der ehemalige Erzbischof von Mecheln versöhnt mit seinem Schöpfer.

Quelle: A.M. Weigl, Vertrau auf die Mutter

54. Eine Heidin und ihre atheistische Freundin finden durch eine wunderbare Heilung den Weg in die katholische Kirche

Als ich eine Frau aus dem Balkan besuchte, schilderte sie von ihrem schweren Leidensweg, den sie gehen musste. Ein Kind starb an Krebs und die Ärzte stellten bei ihrem Mann Nierenkrebs fest. Vor der Operation hatte sich der schwerkranke Patient fest vorgenommen, eine Wallfahrt zu machen, falls er den chirurgischen Eingriff überleben sollte. Als er nach der Operation den Wallfahrtsort Altötting besuchte, gab ihm ein Pilger einen Prospekt über Medjugorje. Über diese Zeit berichtete meine Gesprächspartnerin: „Während mein Mann in Altötting weilte und einen bekannten Segenspfarrer besuchte, betete ich inständig um seine Heilung. Zu dieser Zeit war ich noch nicht getauft und kannte auch keine christlichen Gebete. Ich betete so, wie wenn ich zu einer lieben Freundin sprechen würde. Eines Nachts sah ich eine Kirche mit zwei Türmen, einen Gebirgszug und sehr viele Menschen. Dann erblickte ich auf einer Wolke eine schwebende Frau. Plötzlich war alles verschwunden. Damals dachte ich, dass mich die Mutter Jesu vergessen hätte. Ich war sehr traurig und weinte. Unerwartet sah ich erneut die schöne Dame etwa zwei Meter über dem Boden schweben. Sie hatte die Hände gefaltet und lächelte, den Kopf hatte sie leicht nach rechts geneigt. Sie sagte kein Wort, aber ich war mir sicher, dass es die Mutter Jesu sein musste. Langsam schwebte sie himmelwärts und verschwand. Bald kam mein Mann von seiner Wallfahrt zurück und gab mir einen Prospekt über Medjugorje, den er von einem Pilger bekommen hatte. Ich entschloss mich, diesen Ort zu besuchen. Als ich in Medjugorje ankam, erkannte ich sofort die Kirche und die Umgebung wieder, die ich in einer Vision vorher geschaut hatte. Hier in Medjugorje betete ich inständig um die Heilung meines Mannes." Ich wollte in Erfahrung bringen, was eine Heidin hier an diesem Ort empfand, sie antwortete: „Ich erlebte hier ein unbeschreibliches Glücksgefühl, Liebe, Geborgenheit und einen tiefen Herzensfrieden. Alle Probleme hatte ich vergessen. In Medjugorje durfte ich die Liebe Gottes in überwältigender Weise in meinem Herzen erfahren, ich weinte vor lauter Glück und Freude. Ich war dort so glücklich, dass ich überhaupt nicht mehr abreisen wollte. Kurz nach meiner Rückkehr wurde mein Mann untersucht. Die Ärzte stellten fest, dass die Metastasen im Körper nicht mehr existierten. Heute sind wir fest davon überzeugt, dass uns die Gottesmutter geholfen hat. Nach der Heilung meines Mannes sprach ich oft mit ihm über Religion, dadurch wurde mein Interesse und meine Sehnsucht nach dem katholischen Glauben immer größer, weil ich bemerkte, dass die Mutter Jesu immer in katholischen Gemeinden erschien. Aus Liebe zu dieser wunderbaren Frau wollte ich so schnell wie möglich katholisch werden. An Sylvester wurde ich in der Kirche in Medjugorje getauft." Als ich sie fragte, ob sie die Zeit vor und nach ihrem Besuch in Medjugorje beschreiben könne, antwortete sie: „Der Unterschied ist wie Tag und Nacht. Vorher war alles katastrophal. Heute gehört mein Herz der Gottesmutter, ich wäre jederzeit bereit, für meinen Glauben zu sterben, weil ich keine Angst mehr habe. Ich liebe meine Familie, aber den ersten und wichtigsten Platz in meinem Herzen nimmt Gott und die Gottesmutter ein. Die Zeit vor Medjugorje betrachte ich heute als eine verlorene Zeit." Dann ergänzte sie: „Die Heilung meines Mannes hat zu seiner eigenen Bekehrung, meiner Bekehrung und der Bekehrung unserer Kinder geführt. Außerdem bekehrte sich mein Neffe und noch zwei weitere Personen." Vier Jahre nach diesem Gespräch fragte ich den geheilten Ehemann nach seinem Befinden, er erwiderte: „Ich ließ mich im letzten Jahr gründlich untersuchen, dabei gab es keine Befunde. Seit meiner Heilung habe ich, was die Niere betrifft, keine Beschwerden mehr."

Bei einem weiteren Besuch lernte ich auch die Freundin der Familie kennen. Sie ist eine sehr vermögende Frau und hat großen Einfluss in der Gesellschaft. Als wir auf das

Thema Religion zu sprechen kamen, berichtete sie: „Ich bin katholisch und bei Schwestern in einem Kloster aufgewachsen. Als ich das Kloster verließ, hatte ich kein Interesse mehr an der Religion. Vierzig Jahre lebte ich ohne Glauben und ohne Gott. Ich verkehrte in den ersten Kreisen. Meine Bekannten waren Doktoren und Minister, auch heute habe ich noch Kontakt zu ihnen. Mein Mann ist sehr begütert, deshalb kann ich mir alles leisten, was ich möchte. Ich führte ein ausschweifendes Leben." Ich wollte in Erfahrung bringen, was sie bewogen hat, ihr ausschweifendes Leben zu ändern, darauf gab sie mir eine unerwartete Erklärung: „Nach zehn Jahren traf ich meine Freundin. Ich erkannte sie aber nicht sofort. Sie sah gut, zufrieden und glücklich aus. Als ich sie nach dem Grund ihres guten Aussehens fragte, erklärte sie: „Ich war in Medjugorje und bin in der Zwischenzeit katholisch geworden." Meine Freundin erzählte mir von den Ereignissen in Medjugorje und machte mich sehr neugierig, denn ich hatte vorher im Fernsehen nur negative Stellungsnahmen gehört. Bald besuchte ich mit meiner Freundin den Erscheinungsort. Ich kam mit großen Zweifeln in Medjugorje an, aber meine Skepsis schwand sehr schnell. Ich fühlte mich glücklich, ich spürte die Liebe Gottes und der Gottesmutter, ich fühlte mich wie zu Hause und wollte immer wieder hierher kommen. Nun bin ich schon fünfmal in Medjugorje gewesen. Es zieht mich immer wieder dorthin." Als ich sie fragte, ob sie die Botschaften der Gottesmutter auch annehme, erwiderte sie: „Ich faste mittwochs und freitags bei Wasser und Brot. Täglich bete ich zwei bis drei Rosenkränze. Leider kann ich bei uns nicht in die katholische Kirche gehen, denn es gibt keine." Als ich sie nach besonderen Erlebnissen in Medjugorje befragte, antwortete sie: „Ja, bei meinem ersten Besuch habe ich gebeichtet, danach fühlte ich mich wie von einer schweren Last befreit. Ich war überglücklich, ich konnte das Glück nicht fassen, das ich hier erlebte, die Zeit vor Medjugorje war eine verlorene Zeit, die Zeit danach ist für mich die glücklichste. Nicht für alle Reichtümer der Welt möchte ich dieses neue Leben eintauschen." Schließlich fragte ich sie, welche Rolle Gott und die Gottesmutter heute in ihrem Leben spiele, spontan erwiderte sie: „Gott und die Gottesmutter bedeuten mir heute alles, ich wäre bereit, jedes Opfer für sie zu bringen."

55. Ich hatte nur noch Selbstmordgedanken, sodass ich versuchte, mich umzubringen

Tanja wurde katholisch getauft, sie ging zur Erstkommunion und wurde auch gefirmt. Unter Zwang besuchte sie den sonntäglichen Gottesdienst. Als sie etwa 15 Jahre alt war, ließ sie sich nicht mehr zwingen. Jetzt musste sie erst einmal, wenn sie überhaupt während der Gottesdienstzeit zu Hause war, ihren nächtlichen Rausch ausschlafen. An den Wochenenden traf sie sich mit anderen Jugendlichen. Dabei wurde geraucht, viel getrunken und gekifft. Sex war das Normalste auf der Welt, denn es machte Spaß; das macht doch jeder, wo also liegt das Problem?, war Tanjas Meinung und die ihrer Clique.

Sie berichtet über diese Zeit: „Nach außen hin war ich

ganz normal, doch innerlich schrie ich laut um Hilfe. Dieser Lebensstil machte mich kaputt, all die Freude, die ich sowieso nur im Rausch empfand, war so vergänglich, alles Glück, alles Gute so schnell vorbei. Das richtige Leben war hart und grausam, da hatte ich keine Freude, da hatte ich nur Selbstmordgedanken, sodass ich sogar zweimal versuchte, mich umzubringen. Als ich schließlich einen Kaplan um Hilfe bat, machte er mir den Vorschlag, mit einem Bus nach Bosnien-Herzegowina zu einem Jugendfestival mit 40.000 Jugendlichen zu fahren." Drei Tage später saß Tanja dann tatsächlich im Bus. Auf der Hinreise wurde sie schwer enttäuscht, denn die Teilnehmer beteten den Rosenkranz und besuchten eine hl. Messe. Dinge, die ihr scheinbar nichts brachten. Sie wäre deshalb am liebsten ausgestiegen und per Anhalter nach Deutschland zurückgefahren. Schließlich dachte sie an einen schönen Urlaub in Kroatien und daran, dass sie dort ihre eigenen Wege gehen werde. Als sie an dem bekannten Wallfahrtsort Medjugorje ankam, entschloss sie sich, wenigstens das Programm des ersten Tages mitzumachen. Als zwei Personen ihr nahelegten, doch zur Beichte zu gehen, wollte sie auf dem schnellsten Weg zurück in ihre Pension. Doch bald saß sie auf einer Kirchenbank und las den Beichtspiegel. Dabei stellte sie fest, dass sie eigentlich gegen alle Gebote Gottes verstoßen hatte. Jetzt wollte sie erst Recht so schnell wie möglich von hier verschwinden. Doch irgendwie schaffte sie den Weg in den Beichtstuhl. Darüber berichtet Tanja Folgendes: „Die Worte des Priesters brachten mich zum Nachdenken. Sollte es Gott vielleicht doch geben? Und hat Gott vielleicht doch etwas mit mir vor? Die Antwort auf diese Fragen war ganz einfach eine riesige Fülle überschäumender Freude in meinem Herzen. Ich bekam ein gewaltiges Glücksgefühl, wie ich es bisher nicht kannte. Nachdem ich eingesehen hatte, dass mein Leben vielleicht doch nicht so toll war und eventuell einer Veränderung bedurfte, begann ich zu strahlen und hatte auf einmal die Freude in Fülle, die ich bisher zwar immer gesucht und nie gefunden hatte. Meine Bereitschaft, mich zu verändern, wuchs soweit, dass ich am Ende beschloss, mein Leben nun voll und ganz auf Gott auszurichten. Mit diesem Entschluss bekam ich die Lossprechung und war der glücklichste Mensch."

Als Tanja danach einen jungen Mann zur eucharistischen Anbetung gehen sah und er ihr den Sinn dieser Andachtsform erklärte, schloss sie sich ihm an. Darüber berichtet sie: „Ich wurde von den Liedern und Impulsen sehr ergriffen. Ich kam zu der Überzeugung, dass es das Schönste war, was ich je erlebt hatte, und ich hatte vieles erlebt. Dann betete ich: ‚Jesus, wenn es dich wirklich gibt, wenn das alles wahr ist und nicht wieder so vergänglich wie alles andere zuvor, dann soll mein Leben von jetzt an dir gehören, dann will ich den Weg mit dir gehen und dir mein Leben schenken.'"

Die einst lebensmüde Tanja fasst zusammen: „Mein Leben hat sich ins Gegenteil verdreht. Früher bestand es aus Drogen, Sex und Alkohol und heute besteht es aus Gebet, Gottesdienst, Bibel, Beichte und Fasten. Und dies ist meine eigene, freie Entscheidung. Mein Leben verläuft heute komplett anders, ich würde von mir sagen, dass ich heute ein sehr spontaner und lebensfroher Mensch bin, und ich würde diese Freude gerne an die ganze Welt weitergeben."

Quelle: Medjugorje aktuell, März 2009

56. Trotz seiner Rockband „Fahrkarte in die Hölle" fand Claudio Canali den Weg zum katholischen Glauben

Schon sehr früh erkannten die Eltern das musikalische Talent ihres Kindes. Und auch als Student schätzte man die schöne Solostimme von Claudio Canali, was es ihm leicht machte, in eine Pop-Rock-Band aufgenommen zu werden. Für die Musik vernachlässigte er nun mehr und mehr sein Studium; lieber reiste er mit seiner Truppe durch ganz Italien. Als 18-Jähriger gründete er zusammen mit seinen Musikfreunden die Rockband „Fahrkarte in die Hölle". Mit ihren Liedern, die vorwiegend antiklerikale Inhalte hatten, feierten sie vor allem außerhalb Italiens große Erfolge. Wegen der gottlosen und blasphemischen Texte, die Claudio leidenschaftlich sang, nannte man ihn auch gerne die „Stimme des Teufels". Die Konzerte, oft vor mehr als 10.000 Zuhörern, begeisterten das junge Publikum. Claudio Canali war der Kopf der Band. Durch sein arrogantes Auftreten auf der Bühne bestimmte er das gesamte Erscheinungsbild der Gruppe. Aber trotz seines großen Erfolges überkam Claudio oft eine deprimierende Einsamkeit. Diese innere Leere konnten auch seine zahllosen Beziehungen zu Frauen nicht ausfüllen. Claudio schreibt über diese Zeit: „Wir suchten die Freiheit, indem wir die Grenzen der sexuellen Tabus überschritten und uns vom Alkohol in eine andere Welt hinübertreiben ließen. Aber sobald ich allein war, fühlte ich mich schlecht." Als er von einem Freund nach Indien eingeladen wurde, mischten ihm dort Unbekannte bei einem Fest Drogen ins Essen. Dadurch fiel er in einen schlimmen Zustand und es ging ihm sehr übel. Als sein Freund dies bemerkte, machte er sich aus dem Staub und ließ ihn allein zurück. Erst durch Vermittlung der italienischen Botschaft und drei Monate später konnte Claudio in seine Heimat zurückkehren. Zu Hause angekommen, quälten ihn starke Schuldgefühle und Depressionen.

Er verließ die Rockband und bat alle um Verzeihung. Viele ehemalige Freunde hielten ihn nun für verrückt. Auf der Suche nach einer neuen Lebensausrichtung landete er schließlich in der Hare-Krishna-Sekte und lebte dort eineinhalb Jahre in der Toskana. Das „spirituelle" Leben in der Sekte machte ihm seine ganze Schuld bewusst und brachte ihn an den Rand der Verzweiflung. In dieser Not erinnerte sich Claudio an seine christlichen Wurzeln und fand den Weg in einen Beichtstuhl. Was er hier erlebte, schildert er in bewegenden Worten: „Als ich die Absolution empfing, verschwand alles Dunkel in meiner Seele und ich war augenblicklich von meiner Depression geheilt, die mich seit meinem Indienaufenthalt gequält hatte." Eine Sakristanin bat ihn, einen bestimmten Einsiedler aufzusuchen, um sich dort Rat zu holen. Der Einsiedler empfahl Claudio, die Hare-Krishna-Sekte zu verlassen, zwei Jahre einer Arbeit nachzugehen, dann wiederzukommen. Claudio befolgte den Rat und kehrte nach zwei Jahren zurück. Jetzt begann Bruder Mario, der Einsiedler und erfahrene Seelsorger, in einer langen Zeit der Begleitung Claudio aus allen Schwierigkeiten herauszuhelfen und wieder ganz zum Glauben zu führen.

Nach neun Jahren legte Claudio die feierliche Profess vor seinem Bischof ab. Und die ehemalige „Stimme des

Teufels“ sang jetzt für Gott Gregorianische Choräle und spielte Querflöte zu Ehren der Gottesmutter. Jahrelang hatte seine Mutter um die Rückkehr Claudios zur Kirche gebetet. Nicht vergebens, wie sich jetzt zeigte.

Zahlreiche Jugendliche kamen, oft nur aus Neugierde, um zu sehen, was aus der „Stimme des Teufels“ geworden war. Bruder Claudio empfing alle und zeigte ihnen, wie sie sich eine „Fahrkarte in den Himmel“ verschaffen können. Viele fanden so den Weg zurück zu Gott. Denn die Begegnung mit Bruder Claudio half ihnen, sich von ihren falschen Idealen zu lösen und im katholischen Glauben Ruhe und Kraft zu finden.

Quelle: Triumph des Herzens, 2016, Nr. 137

57. Durch das Gebet meiner Frau wurde ich vollständig geheilt und fand Zugang zum katholischen Glauben

Als ich einen ehemaligen Industriemanager besuchte, berichtete er von seiner traurigen und hoffnungslosen Vergangenheit: „Mit 24 Jahren bekam ich eine Colitis, eine Entzündung des Darmes. Die Krankheit zerstörte die Darmschleimhäute, dabei magerte ich bis auf 40 Kilogramm ab. Ich musste mehrmals operiert werden. Danach bekam ich einen Herzinfarkt und ein äußerst schmerzhaftes Muskelrheuma. Es befiel zuerst meine Beine, dann den ganzen Körper. Wenn die Schmerzschübe einsetzten, war ich bewegungsunfähig. Ich bekam eine Kortisonbehandlung, die sehr schädliche Nebenwirkungen für meine Leber, meine Nieren und meine Augen hatte. Dann musste ich mich einer Chirotherapie unterziehen, um eine Versteifung der Gelenke zu verhindern. Nach der Behandlung waren die Ärzte sehr skeptisch und ließen durchblicken, dass ich wohl bald mein Leben im Rollstuhl verbringen müsste. Der Gedanke an den Rollstuhl belastete meine Frau schwer. Sie wollte nach Banneux fahren, wo einst die Gottesmutter erschienen war, um dort Kraft zu sammeln. Da sie den Weg nicht kannte, fuhren ich und unsere beiden Kinder als Beifahrer mit, um ihr den Weg zu beschreiben. Ich begleitete sie nur ungern und widerstrebend. In Banneux besuchten wir einen Gottesdienst, danach gingen wir zu dem Gnadenbild im Freien. Meine Frau betete dort mit den Kindern, doch ich empfand nichts. Ich wollte nur nach Hause und war verärgert. Dann lief meine Frau mit den Kindern zur Gnadenquelle. Sehr widerwillig stellte ich mich in einiger Entfernung dazu. Meine Frau betete an der Quelle um die Linderung meiner Schmerzen, die mich quälten, und darum, dass mich die Gottesmutter vor dem Rollstuhl bewahren möge. Sie fühlte sich mit allem überfordert.

Plötzlich, noch während meine Frau und meine Kinder für mich beteten, spürte ich eine außergewöhnliche Kraft, die mich drängte, zur Quelle zu gehen. Ich krempelte meine Ärmel hoch und tauchte beide Arme ins kalte Wasser. Dann nahm ich sie wieder heraus und wollte sie mit meinem Tuch abtrocknen, doch die Arme waren innerhalb von zwei oder drei Sekunden vollständig trocken. Ich war verwirrt und verstand immer noch nicht, was geschehen war. Plötzlich verspürte ich ein großes Verlangen, in die Andacht zu gehen. Dort fühlte ich mich sehr wohl und betete zum ersten Mal in meinem Leben den Rosenkranz ganz bewusst mit. Schließlich fuhren wir schweigend nach Hause. Normalerweise brauchte ich morgens eine halbe Stunde, um aus dem Bett zu kommen, denn um diese Zeit waren meine Knochen immer steif. Doch jetzt, nach unserem Besuch in Banneux, stand ich auf, ging ins Badezimmer, kleidete mich an und arbeitete den ganzen Tag, wie wenn nie etwas gewesen wäre. Einige Tage später sägte ich einen dicken Baum im Garten um und zerlegte ihn in Stücke. Trotzdem war ich mir meiner Heilung immer noch nicht bewusst, aber ich spürte eine unbändige Kraft in mir. Am Samstag nach unserem Besuch in Banneux räumte ich alle Kellerräume auf. Ich konnte jetzt den ganzen Tag körperlich schwer arbeiten."

Als ich ihn fragte, wie er sich denn vor dem Besuch in Banneux gefühlt habe, versicherte er: „Ich hätte nichts tun können, denn ich hatte nur Schmerzen." Und weiter: „Durch meinen schweren Herzinfarkt waren die Herzkranzgefäße sehr verengt und es sollte ein Bypass gelegt werden. Aus diesem Grunde ging ich nach meinem Banneux-Besuch zu meinem Internisten. Als er mit Ultraschall die Herzgegend untersuchte, konnte er keine Verengung mehr feststellen. Er nahm an, dass sein Gerät defekt sei, und tauschte den Lesekopf des Ultraschallgerätes aus. Bei der erneuten Untersuchung konnte er wieder nichts entdecken. Dann erklärte er mir: ‚Bei Ihnen sieht alles so aus, als wären sie neu geboren.' Darauf erzählte ich ihm, was ich in Banneux erlebt hatte. Der Arzt war sprachlos. Nun untersuchte er die Blutwerte, sie waren alle neutral. Mein Internist stellte eine medizinisch unerklärliche Heilung fest."

Auf meine Frage, was ihn nach der Heilung am meisten bewegt habe, antwortete der ehemalige Industriemanager: „Ich bin mir bewusst, dass ich diese Heilung nicht umsonst empfangen habe. Ich möchte dieses neu geschenkte Leben dazu nützen, notleidenden Menschen intensiv zu helfen."

Man muss sich die Situation noch einmal vergegenwärtigen: Ein Schwerkranker, der sich kaum noch bewegen kann und auf den Rollstuhl wartet, fährt widerstrebend, ohne Hoffnung und nur, um seiner Frau den Weg zu zeigen, mit nach Banneux. Der tiefe Glaube und das felsenfeste Vertrauen seiner Frau, dass die Gottesmutter von Banneux hilft, belohnt der Himmel mit einem Heilungswunder und einer Bekehrung.

58. Ein Rebell und Drogenabhängiger wird Ordensmann und überlebt einen gefährlichen Überfall

David Johnson aus Denver USA warf alle seine christlichen Werte über Bord und begann als Rebell seine Freiheit zu genießen. Doch bald merkte dass er sich mit seinem Drogenkonsum zum Sklaven entwürdigte. Doch erst als er ganz tief im Sumpf der Abhängigkeit steckte, schrie er zu Gott um Hilfe und Erbarmung. Gott erhörte sein Gebet. Auf Umwegen kam er nach Syrien, wo er den Weg zum katholischen Glauben fand. In der Wüste besuchte er das Sankt-Jakob-Kloster und fühlte sich dort wie der verlorene Sohn, der seinem barmherzigen Vater begegnete. Als er am Ostermontag 2012 als Bruder David auf dem Turm des Klosters in seiner Festtagsfreude einem Wagenkonvoi winkte, war dies eine Militäreinheit der syrischen Armee. Die Soldaten hatten erfahren, dass Bruder David ein Amerikaner war, und waren gekommen, um ihn unter dem Verdacht, ein Spion zu sein, zu verhaften. Die ganze Klostergemeinschaft betete für ihn. Bruder David selbst legte sein Schicksal vertrauensvoll in Gottes Hände, und ein unbeschreiblicher Friede erfüllte sein Herz. Er sagte zu den Soldaten: „Wir beten für euch. Jesus liebt euch! Wir segnen euch!" Mit barmherzigen Augen sah David seine Kidnapper an und dachte: „Diese Männer sind auch nach dem Abbild Gottes erschaffen." Und weil gerade Ostern war, stimmte er ein Auferstehungslied in ihrer Muttersprache an. Verblüfft horchten die Kidnapper auf, bis einer meinte: „So etwas habe ich noch nie gehört." Und jetzt wurde David von allen gedrängt: „Sing es noch einmal! Noch einmal!" Und David sang: „Christus, der Herr, ist von den Toten auferstanden. Er hat den Tod besiegt!" Es ist kaum vorstellbar, aber Bruder David sang dieses Lied vor lauter Muslimen.

Plötzlich wendete der Wagen und David wurde ins Kloster zurückgebracht. Bevor sie das Kloster erreichten, machten sie aber noch einen Zwischenstopp in ihrem Truppencamp. Bruder David musste aussteigen und vor einer großen Schar von Soldaten erneut Auferstehungslieder singen. Begeistert klatschten alle im Rhythmus in die Hände und David glaubte zu träumen! Heute ist Bruder David überzeugt, dass er seine rasche Freilassung nur dem Gebet seiner Gemeinschaft und Jesus zu verdanken habe, den er in arabischen Osterliedern besungen hatte. Wenige Tage nach seiner Freilassung empfing Bruder David am Barmherzigkeitssonntag, dem 15. April 2012, den Mönchshabit.

Quelle: Triumph des Herzens, 2016, Nr. 135

59. Eine berühmte Sopranistin findet zu ihrem verlorenen katholischen Glauben zurück

Sunhae Agnes ist heute eine berühmte und gefragte Sängerin an den großen Staatstheatern und in zahlreichen Konzertsälen. In einer Vorstadt von Seoul wird sie von ihren Eltern im katholischen Glauben erzogen und hat in ihnen ein schönes Vorbild für gelebten Glauben. Doch in der Pubertät ändert sich alles. Ihr kommen schwere Glaubenszweifel und sie ist sich sicher: „Du bist nur katholisch, weil deine Eltern Katholiken sind. Du hast den Glauben geerbt, als sie dich als Baby taufen ließen, aber keiner hat dich gefragt!"

Sunhae beginnt nun, alle möglichen Religionen auszuprobieren. Mit ihren Eltern geht sie in den Sonntagsgottesdienst, informiert sich in der evangelischen Kirche, trifft sich mit buddhistischen Freunden und lässt sich von einigen Sekten einladen. Ihr katholischer Glaube wird dadurch sehr gefährdet. Doch nach dieser Suche nach dem wahren Glauben kann sie endlich sagen: „Sei froh, dass die Eltern für dich die richtige Religion gewählt haben! Es ist doch am schönsten, in der katholischen Kirche zu sein und auch dort zu bleiben." Ihr großes Vorbild wird der hl. Don Bosco, weil er so fröhlich mit seinen Jugendlichen gesungen hatte, um Gott zu loben und um Freude am christlichen Leben zu haben. Wenn Menschen aus dem Publikum ihr sagen, dass sie Trost und Freude durch ihren Gesang erleben, wird ihr bewusst, dass sie als gläubige Musikerin die Liebe Gottes an andere weitergeben soll. Immer wieder trifft sie Kollegen, die zu ihrem katholischen Glauben stehen, und Sunhae findet es wunderbar, wie der Glaube sie zusammenhält, zum Beispiel wenn sie gemeinsam vor einem Konzert oder einer Opernaufführung beten. Sunhae versichert: „Und selbst wenn wir in aller Herren Länder auf verschiedenen Bühnen stehen, senden wir einander E-Mails oder telefonieren, wenn jemand Schwierigkeiten hat und deshalb das Gebet braucht. So darf man sich trotz der Trennung immer geistig verbunden wissen, selbst wenn der eine in Sydney die hl. Messe besucht, der andere in Wien anbeten geht und ich vielleicht in New York den Rosenkranz bete. Das bedeutet uns viel! Zudem wächst meine Glaubensfamilie, was für mich ein großes Wunder ist."

Quelle: Triumph des Herzens, 2013, Nr. 119

60. Vertrauendes Gebet bewirkt die Heilung eines Kindes und die Bekehrung der Familie zum katholischen Glauben

Vor einiger Zeit besuchte mich der elfjährige Nam Park mit seiner Mutter, sie stammen aus Südkorea und haben eine dramatische Vergangenheit hinter sich. Ich hatte erfahren, dass Nam schwer verunglückt war, und ihn und seine Mutter zu einem Gespräch eingeladen.

Nam schilderte: „Wir wohnten zuerst in Frankfurt am Main. Ich spielte mit meiner Schwester auf dem Bürgersteig. Nachdem ich mich nach dem Verkehr umgesehen hatte, überquerte ich die Straße, dabei erfasste mich ein Lastwagen. Bei dem Unfall wurde ich ohnmächtig. Im Krankenhaus stellten die Ärzte Kopfverletzungen und einen Oberschenkelbruch am rechten Bein fest. Nach der achten Operation konnten die Ärzte die Knochen einigermaßen zusammenfügen. Ich spielte in der Klinik mit anderen Kindern, dabei fiel ich aus dem Bett und brach leider erneut das rechte Bein." Dann berichtete Nam über seine Eltern: „Mein Vater ist katholisch und wollte Priester werden. Er heiratete eine Buddhistin und ging dann nicht mehr in die Kirche. Nach meinem Verkehrsunfall und den acht Operationen, die erfolglos geblieben waren, bereute mein Vater, dass er sich so weit von der katholischen Kirche entfernt hatte. Mein Vater war 15 Jahre nicht mehr in der Kirche gewesen. Er fasste den festen Vorsatz, wieder ein christliches Leben zu führen. Schließlich brachten mich meine Eltern in ein anderes Krankenhaus in Frankfurt, wo ich noch einmal operiert wurde. Wir trafen dort einen deutschen Pfarrer, der früher in Südkorea gelebt und Bücher geschrieben hatte. Durch einen Unfall war er als Patient in der gleichen Klinik. Bei diesem Pfarrer beichtete mein Vater. Danach betete der Priester über mein krankes Bein. Nach einer Woche war es vollständig geheilt. Die Ärzte der Unfallklinik konnten die plötzliche Heilung meines Beines nach so vielen Operationen nicht verstehen. Ich war damals fünf Jahre alt. Kurz nach meiner Entlassung aus dem Krankenhaus konvertierte meine Mutter vom Buddhismus zur katholischen Kirche. Bald wurden meine Schwester und ich getauft. Jetzt sind wir eine christliche Familie."

Nams Mutter ergänzte: „Wir sind in unserem neuen Glauben sehr glücklich. Meine Familienangehörigen in Südkorea sind noch alle buddhistisch."

Das vertrauende Gebet eines katholischen Pfarrers war die Ursache für eine Heilung nach sechsjähriger Krankheit. Ich selbst konnte mich von der hervorragenden körperlichen Verfassung des geheilten Jungen überzeugen.

61. Mein Weg vom Okkultismus, der Magie und dem Hexenkult zur katholischen Kirche

Das Zeugnis, das Lisa aus Craig Lodge in Schottland abgibt, kann andere vor falschen Göttern warnen. Sie berichtet über ihren gefährlichen Trip in die Welt der Magie: „Ich wurde in einer katholischen Familie erzogen und empfing auch die Sakramente. Mit 12 Jahren kam ich auf eine katholische

Schule, die aber leider nur dem Namen nach katholisch war. Dort fühlte ich mich allein, schwach und machtlos. In der Religionsstunde saß ich neben einer Schülerin, die sehr beliebt war und die mich mit anderen Mädchen drangsalierte. Sie las in einem Buch über Zauberei. Als ich in dieses Buch schaute, fiel mir als Erstes ein Zauberspruch ins Auge, wie man den anderen besiegen kann und wie man beliebt wird. Das war für mich die Antwort! In der folgenden Zeit begann ich, mich mit Hexerei zu beschäftigen. Zuerst las ich Jugendzeitschriften, in denen es um Zaubersprüche, übernatürliche und okkulte Dinge ging. Alles machte einen so harmlosen Eindruck, als hätten diese Dinge keine Konsequenzen. Dann besuchte ich eine normale Buchhandlung in England, in der es eine ganze Wand von der einen Seite des Ladens zur anderen gab, mit Regalen voller Bücher über Zauberei, Hexenkraft und okkulte Praktiken. Ein Regal hatte die Aufschrift „Für Jugendliche, die an Hexerei interessiert sind". Dieses Regal befand sich genau neben den Büchern von Harry Potter. Das alles war so anziehend für mich, dass ich mich von meinem zwölften bis zu meinem fünfzehnten Lebensjahr kontinuierlich mit der Zauberei beschäftigte. Je mehr ich in diesen Dingen voranschritt, desto dunkler wurde es in mir. Eines Tages öffnete ich ein Buch und fand diesen Satz: „Und jetzt rufe den Namen von Luzifer an und fürchte dich nicht, er ist nicht der Teufel." Mir wurde gesagt, dass der Teufel nicht existiert, dass die Kirche korrupt ist und dass sie die Frauen hasst – heute weiß ich, das sind alles Lügen. Mit sechzehn Jahren erkannte ich, dass die Zauberei nichts für mich getan hatte, und so hörte ich damit auf. Da aber mein Glaube an Jesus kein festes Fundament hatte, habe ich mich nicht an ihn gewandt und so war ich sehr verloren. Ich erinnere mich daran, dass ich einmal nachts weinend in meinem Bett lag, zu Gott schrie und mir wünschte, dass mein Leben enden würde. Und hier war ich, 17 Jahre alt, depressiv, hatte keine Hoffnung und dachte darüber nach, mein Leben zu beenden.

Dann geriet die Person von Papst Johannes Paul II. in mein Blickfeld. Und ohne dass ich es wusste, sah ich Jesus. Den Tag der Beerdigung dieses Papstes im Frühjahr 2005 verfolgte ich im Fernsehen. Mein Herz war gebrochen, ich litt, als wäre jemand aus meiner Familie gestorben. Damals sprach Kardinal Ratzinger einen Satz, der mein ganzes Leben veränderte. Er sagte: „Er steht am Fenster im Haus des himmlischen Vaters und segnet uns. Ja, Heiliger Vater, segne uns!" Bei diesen Worten berührte mich die Liebe des himmlischen Vaters und seine Gnade. Das Eis um mein Herz begann zu schmelzen. Das erste Mal nach so vielen Jahren fühlte ich mich wieder wie ein Mensch. Ich spürte Hoffnung und konnte wieder an die Liebe glauben. Als ich den Rosenkranz meiner Oma in die Hand nahm, dachte ich mir: Ich muss zur Beichte gehen – aber ich kann nicht. Doch ich spürte den Ruf zu gehen so stark, dass ich mich am nächsten Tag doch zitternd zur Beichte aufmachte. Dem Priester gestand ich: „Ach, wie verrückt ich war. Ich habe Gott verflucht. Mein ganzes Leben lang habe ich Jesus gesucht, aber ich habe nicht gewusst, dass er es ist, nach dem ich suchte, nachdem sich mein Herz all die Jahre gesehnt hat!" Als ich aus dem Beichtstuhl herauskam, fühlte ich mich, als würde ich gerade gemeinsam mit Jesus aus dem Grab herauskommen! In der Kirche habe ich gespürt, dass diese ganze Last, die mich all die Jahre bedrückt hatte, diese Dunkelheit, nicht mehr da war. Auf einmal war ich im Licht, in der Hoffnung. Ich schaute zum Tabernakel, aber ich wusste nicht, dass Jesus im Tabernakel ist, ich dachte, es sei nur Brot. Doch während ich auf den Tabernakel schaute, hörte ich Ihn sagen: „Du bist nach Hause gekommen!" Seit diesem Tag ist mein Leben absolut anders. Und diese Wandlung hat nicht an diesem Tag aufgehört, sie wird bis zu meinem Tod andauern. Ich danke Gott und Johannes Paul II.! Ich kann lieben und ich kann an die Liebe glauben, auch an den dunkelsten Tagen! Und jetzt weiß ich, egal, wie einsam ich mich fühlen könnte, ich bin niemals, niemals allein. Wenn ihr, oder irgendjemand von euren Freunden, in Okkultismus oder in der Zauberei verstrickt seid, möchte ich euch mit viel Liebe und Sorge warnen. Satan existiert. Auch wenn diese Sachen sehr anziehend sind, in sich sind sie ekelhaft. Sie werden euch von Jesus wegziehen, der euch liebt und der für euch gestorben ist. In einer Zeit, in der es so viel Hass und Egoismus und so viele falsche Freunde gibt, denen man nachgeht, in einer Zeit des Verfalls der Sitten und der Abwesenheit von Vater und Mutter, in einer Zeit so vieler Schwächen und Entbehrungen, denen nicht wenige Jugendliche zum Opfer fallen, schauen wir auf dich, eucharistischer Jesus, mit neuer Hoffnung. Trotz unserer Sünden vertrauen wir auf deine göttliche Barmherzigkeit."

Quelle: Medjugorje aktuell, Sept. 2009

62. Gott holte mich aus der Welt der Finsternis und führte mich in die katholische Kirche

Ania Goledzinowska aus Polen hat wie kaum ein anderer die Höhen und Tiefen des menschlichen Lebens erfahren. Bis zum Alter von vier Jahren hatte sie eine glückliche Kindheit. Doch als ihr Schwesterchen zur Welt kam, erwachte in ihr der Hass auf das Neugeborene. Ihr Vater, der sehr unter dem Kommunismus litt, ertränkte seinen Schmerz im Wodka. Die Mutter hatte immer wieder depressive Phasen und brachte fremde Männer mit ins Haus. Im Alter von zehn Jahren wurde Ania von einer dieser Bekanntschaften missbraucht. Als sie ihrer Mutter davon berichtete, glaubte die ihr nicht, was sie tief verletzte. Aus dieser großen Enttäuschung heraus entstand in dem Mädchen blanker Hass gegen die eigene Mutter. Heute sagt Ania Goledzinoswka: „Ich hasste meine Mutter, weil sie da war, und meinen Vater, weil er nicht mehr war. Ich hasste die ganze Welt."

Mit dreizehn Jahren missglückte ein Selbstmordversuch. Als sie danach in eine Psychiatrie eingeliefert werden sollte, floh sie und landete auf der Straße. Sie nahm Drogen und handelte mit Drogen. Bald lernte sie Leute kennen, die ihr einen Job als Model in Italien anboten. Ein gewisser Yuri brachte sie nach Turin und nahm ihr die Papiere ab, man wollte aus Ania eine Prostituierte machen. Bevor sie fliehen konnte, wurde sie noch vergewaltigt. Doch die Flucht gelang und sie fand in Mailand eine Arbeitsstelle. Dort lernte sie einen steinreichen Mann kennen, der ihr bald alles Materielle bot, was man sich nur wünschen konnte. Doch dieser Mann war nicht fähig, ihr Liebe und

Geborgenheit zu schenken. Enttäuscht wandte sie sich ab und fand eine neue Arbeit als Model. Später trat sie auch als Showgirl in Fernsehshows auf. In diesem Milieu gehörte der Kokainkonsum zum guten Ton, doch er zehrte an ihrer Gesundheit. Eines Nachts sah sie einen alten, bärtigen Mann an ihrem Bett, der den Kopf schüttelte und ihr zu verstehen gab: „Ania, was machst du?" Erst viel später erfuhr sie, dass der nächtliche Gast der heilige Pater Pio war. Diese Vision gab ihr die Kraft, sich von den Drogen zu lösen.

Einige Zeit später lernte Ania den bekannten italienischen Journalisten und Fernsehreporter Paolo Brosio kennen, der sich in Medjugorje bekehrt hatte und sie zu einer Pilgerreise an diesen Ort einlud. Weil er ihr erstes Buch verlegen wollte, willigte sie ein. Als sie in Medjugorje war, glaubte sie, dass hier alles nur Betrug und Geschäftemacherei sei. Paolo Brosio bat sie, den Kreuzberg bei Medjugorje hinaufzusteigen, aber alles sträubte sich in ihr. Schließlich ließ sie sich doch erweichen, stieg hinauf und hörte dort eine innere Stimme: „Ania, du musst allen verzeihen, die dich in deinem Leben verletzt haben!" Und wie durch ein Wunder fand sie tatsächlich hier oben die Kraft, aus innerster Seele die Worte zu sprechen: „Ich verzeihe euch!" Was sie dann erlebte, schildert sie so: „Als ich diese Worte aussprach, schien mein hartes Herz auseinanderzubrechen. Ich begann zu weinen und weinte alle Tränen, die ich seit Jahren nicht mehr geweint hatte. Sie erweichten mein Herz. Ein nie gekanntes Glück und unbeschreiblicher Friede erfüllten mein Inneres. Ich wollte diesen Ort nie mehr verlassen." Heute ist Ania überzeugt: „Alles, was in meinem Leben geschehen ist, musste kommen, damit ich heute davon Zeugnis ablegen kann, dass Gott existiert, dass er uns allen vergibt und dass auch wir allen alles vergeben können."

Ania ist ein wunderbares Beispiel dafür, dass jeder Mensch in der katholischen Kirche sein Heil und seinen Frieden finden kann.

Quelle: Triumph des Herzens, 2014, Nr. 123

63. Der Glaube hatte für Robert keine Bedeutung, bis ein lebensgefährlicher Unfall ihn zum katholischen Glauben führte

Vor einiger Zeit hatte ich die Möglichkeit, mit Robert aus Österreich ein Gespräch zu führen. Sein Leben kann viele Menschen mit einem ähnlichen Schicksal ermutigen und aufrichten. Im Alter von 16 Jahren träumte Robert, wie alle jungen Menschen, von einer glücklichen Zukunft. Doch dann brach er sich bei einem Skiunfall einen Halswirbel und war vom Hals abwärts völlig gelähmt. Er berichtet über diese schreckliche Zeit: „Die Angst packte mich und es tauchte der Gedanke an Gott auf. Bisher hatte Gott und der Glaube an ihn für mich kaum eine Bedeutung. Es war schon lange her, das ich für mich ganz persönlich gebetet hatte. Jetzt hätte ich dringend einen guten Draht zu Gott brauchen können. Ich lag sechs Wochen auf der Intensivstation, dann folgten neun Monate in einem Rehabilitationszentrum und schließlich kam ich gelähmt in einem Rollstuhl in meinen Heimatort zurück. Fast nichts mehr konnte ich selber tun. Für die einfachsten Dinge wie essen, trinken, anziehen brauchte ich fremde Hilfe. Mit einem Schlag war es plötzlich aus mit sportlich, lässig, gutaussehend. Jetzt waren Menschen für mich wichtig, die Zeit für mich hatten, und die es verstanden, mich in meiner Niedergeschlagenheit aufzumuntern. Jetzt waren Menschen für mich wichtig, die trotz meiner schweren Behinderung mit mir etwas Positives, etwas Frohmachendes anzufangen wussten, oder ganz einfach Menschen, die mich trotz allem gern hatten – gute Freunde also. Es war eine schwierige Zeit für mich, denn die wenig hoffnungsvolle Diagnose der Ärzte, dass sich an meinem körperlichen Zustand wenig bessern würde, schien sich zu bewahrheiten. Zunächst lebte ich nach meinem Unfall ziemlich zurückgezogen, denn ich schämte mich wegen meiner großen Hilfsbedürftigkeit und meinem Aussehen. Mir fehlte einfach etwas, das mein Herz froh, glücklich, ja zuversichtlich machen konnte. Natürlich stellte ich mir auch oft die Frage, was mein Leben, so wie es jetzt war, noch für einen Sinn machte.

Einige Zeit verging, bis Gott oder eine starke Sehnsucht nach ihm auf einmal ganz neu in meinem Leben auftauchte. Mir wurde plötzlich klar, dass nichts im Leben zufällig ist, auch wenn es oft so aussieht. Alles ergibt einen Sinn und keinesfalls bin ich nur zufällig im Rollstuhl, weil ich einfach Pech hatte. Hinter alldem steht ein Plan, auch wenn ich diesen Plan nicht so ohne Weiteres erkennen kann. Was aber noch viel bedeutender für mich war, ich glaubte und ahnte auf einmal ganz tief in meinem Inneren: ‚Gott lebt!' Er ist da, auf geheimnisvolle Weise ganz nah! Ich kann ihm begegnen, er hat alles in der Hand! Endlich einer, der mir helfen kann! Ich brauche mich nur aufzumachen und ihn finden. Mir war ein Licht aufgegangen. Ich fing an zu beten und entdeckte ganz neu die Botschaft Jesu für mein Leben, eine Botschaft mit großer Hoffnung für jeden Menschen. Die Sehnsucht nach Gott gab mir die Kraft zu Gebet, Fasten und Umkehr. Schließlich führte mich meine erste Reise nach meinem Unfall in den bekannten Marienwallfahrtsort Lourdes. Meine Hoffnung war natürlich, einer der Glücklichen zu sein, die dort durch ein Wunder geheilt werden. Vor der Reise hatte ich viele Bekannte um ihr Gebet gebeten. Obgleich ich dann nicht geheilt wurde, bin ich doch fest davon überzeugt, dass das Gebet meiner Bekannten mich unterstützt hat, denn es geschah etwas Unerwartetes und von mir zuvor noch nie Erlebtes. An die Liebe Gottes glaubte ich ja schon seit geraumer Zeit, gespürt hatte ich sie aber noch nie. Irgendwie war mein Herz trocken. Doch dann, ganz unerwartet, geschah es und es war echt ein Geschenk! Ich wurde in meinem Inneren tief bewegt und musste weinen, obgleich ich mich in diesem Augenblick so glücklich fühlte, obgleich ich auf einmal so froh war, leben zu dürfen, wie ich es nie zuvor in meinem Leben gewesen war! Auf einmal fühlte ich, dass auch mein Leben wie immer es sein mochte, in den Augen Gottes gut und kostbar war, dass mein Weg ein gesegneter war, wenn ich Gott nur daran teilnehmen ließe. Es war eine sehr schöne und wertvolle Erfahrung für mich. Vielleicht könnte man sagen, es war ein Streifschuss der Liebe Gottes, den ich so weder erwartet noch verdient hatte.

Mein Leben ging weiter, zurück blieb allerdings die Sehnsucht nach dieser verspürten Liebe Gottes. Sie hat mich zuversichtlicher gemacht. Ich weiß, es gibt für mich und jeden

Menschen trotz aller Schwierigkeiten eine tolle Einladung von Gott. Gott liebt uns und möchte uns helfen. Wir brauchen nur zu ihm zu gehen und ihm unsere Last zu übergeben. Für uns ist es wichtig, Zeit zu finden für das persönliche innere Gebet, zu lauschen, was Gott leise zu unserem Herzen spricht. Für jeden hält er etwas Wertvolles bereit. Beten heißt für mich, mein Herz Gott öffnen, seine Gegenwart suchen, Gott ins Leben hereinlassen, immer wieder seinen Plänen zu lauschen."

Mein Gesprächspartner hatte also nach einer schwierigen Zeit seinen katholischen Glauben als einen Rettungsanker entdeckt. Den möchte er heute auch anderen empfehlen. Durch seinen Glauben strahlt Robert eine große Freude und Zuversicht aus und in seinem katholischen Glauben ist auch sein tiefer Herzensfrieden begründet. Er bekennt: „Der Friede Gottes ist eine tiefe Freude, die von innen kommt, und dieser Friede Gottes durchdringt das ganze Wesen eines Menschen."

64. Der Glaube meiner Eltern rettete mich von dem Tod und dem Eintritt in eine Terrororganisation

Bei einem Interview mit einer jungen Frau erfuhr ich, dass sie mit zweiundzwanzig Jahren an einer Entzündung der Herzinnenhaut erkrankte. Irrtümlich stellten die Ärzte eine Antibiotika-Allergie fest, was einem Todesurteil gleich kam. Denn ohne Penicillin gab es eigentlich keine Rettung.

Sie berichtete: „Doch trotz dieser aussichtslosen Situation gaben meine Eltern nicht auf, weil sie ein großes Gottvertrauen hatten. Mit ganz viel Zuversicht gaben sie mir eine Reliquie des hl. Papst Pius X. und Lourdeswasser mit ins Krankenhaus. Und zusammen mit vielen anderen Menschen beteten sie intensiv um meine Heilung.

Im Krankenhause spürte ich plötzlich sanft die Hand Jesu an meinem Herzen, es wurde heiß durchströmt. Immer mehr wich die Todesangst. Ich erlebte Freude, Geborgenheit und Frohmut. Ich sehe noch heute meinen Chefarzt an meinem Krankenbett, wie er nach Fassung ringt und mit größtem Erstaunen das Ergebnis der Untersuchung verkündet. „Ihr Herz blieb unversehrt. Es hätte jetzt aufhören müssen zu arbeiten, weil die Penicillinbehandlung viel zu spät eingesetzt wurde. Der Herzmuskel hat sich dagegen sogar gekräftigt. Das ist medizinisch nicht erklärbar." Die Mediziner hatten zunächst eine Antibiotika-Unverträglichkeit diagnostiziert, und als sie ihren Fehler entdeckten, erst mit großer Verzögerung mit einer Penecillinbehandlung begonnen.

Sehr interessant war auch ihr Bericht über ihr Leben vor der Krankheit. Sie schilderte: „Vor meiner schweren Erkrankung lernte ich Mitglieder der Terrororganisation RAF kennen. Sie warben um mich und ließen nicht locker, sie wollten mich unbedingt als Mitglied aufnehmen.

Nach meiner Krankheit und Heilung habe ich alle Kontakte zu dieser Terrorgruppe abgebrochen. Heute sehe ich in meiner schweren Erkrankung einen Rettungsweg aus dieser gefährlichen Situation. Dafür kann ich Gott nicht genug danken. Durch die Reliquie des hl. Papst Pius X. wurde meine Liebe zur Eucharistie in besonderer Weise geweckt. Gott sei Lob und Preis für meine Rettung vor der RAF und für meine wunderbare Heilung."

65. Gott heilte mich von meiner Alkoholsucht und schenkte mir die Berufung zum Priester

Mehrere Interviews führte ich mit einem jungen Mann, der die Barmherzigkeit Gottes auf wunderbare Weise erleben durfte. Er berichtete über seine dunkle Vergangenheit: „Ich bin zu der Überzeugung gelangt, dass ich durch den Alkohol sehr viel Schaden angerichtet habe, unter anderem rammte ich mit meinem Wagen einen Lichtmast mit einer solchen Wucht, dass er auf die andere Straßenseite kippte. Mein Auto hatte Totalschaden. Bei diesem Unfall überschlug ich mich zweimal. Wie durch ein Wunder blieb ich aber bis auf eine kleine Schramme am Kiefer unverletzt. Die Ärzte konnten keine inneren Verletzungen feststellen. Das war für mich unfassbar. In dem Erscheinungsort Medjugorje vertraute ich mich einem Priester an und sprach mit ihm offen über mein Alkoholproblem. Dieser Franziskanerpater sagte mir: ‚Die Einzige, die dir bei deinen Problemen helfen kann, ist die Muttergottes. Bitte sie um Hilfe, Kraft und Gesundheit.' Da ich im betrunkenen Zustand Dinge getan hatte, die mir bei klarem Verstand nie passiert wären, hatte ich kein reines Gewissen. Ich hatte mich den Menschen gegenüber falsch verhalten, ja ich hatte ihnen wehgetan. Es war für mich ein großes Bedürfnis, mein schlechtes Gewissen zu entlasten. Bei einer Beichte ging mein sehnlichster Wunsch in Erfüllung. Ich erhielt die Lossprechung meiner Sünden und durfte dabei ein unbeschreiblich schönes und erleichterndes Gefühl empfinden. Ich erzählte alles dem Priester und er gab mir durch seine Worte Trost und Kraft. Der schwere Autounfall war für mich ein Fingerzeig Gottes. Durch die fatalen Folgen des Alkohols musste ich einige Zeit in einer Klinik verbringen. In dieser Zeit wurde mir das Gebet zu einem Bedürfnis. Ich spürte ganz deutlich, dass mir die Gottesmutter half und auch weiterhelfen würde. Ich erlebte eine wunderbare Geborgenheit und konnte anderen Menschen in der Klinik helfen. Es erwachte in mir der Wunsch, die Menschen zu Gott zu führen." Als ich mich in dem Interview mit dem jungen Mann nach seinem Verhältnis zu Gott erkundigte, antwortete er: „Ich bin Gott und der Gottesmutter sehr dankbar. Ich weiß sehr genau, dass ich diese Wende nur der Gottesmutter zu verdanken habe. Man muss täglich beten und an sich arbeiten. Meine Beziehung zu Gott und Maria ist intensiver geworden. Ich spüre eine große Sehnsucht nach Gott und Maria und versuche natürlich, die Botschaften der Königin des Friedens von Medjugorje umzusetzen. Durch ihre Botschaften hat mein Leben einen neuen Sinn erhalten."

Der Besuch an diesem Gnadenort Medjugorje veranlasste meinen Gesprächspartner, intensiv über den Priesterberuf nachzudenken und sich dem Ruf Gottes zu öffnen. Und, was glauben Sie? Nach einiger Zeit bekam ich von ihm eine Einladung zu seiner Primiz. Heute arbeitet dieser ehemalige Alkoholiker in einer sehr großen Pfarrei im Balkan und hat dort alle Hände voll zu tun, um die vielen suchenden Menschen seelsorglich zu betreuen. In dieser gewaltigen Aufgabe sieht er den wirklichen Sinn seines Lebens. Bei all dieser aufopfernden Arbeit ist er aber immer ein Mensch, der Frieden, Freude und Liebe ausstrahlt, und die Menschen in seiner Umgebung sind überglücklich, einen Seelsorger zu haben.

Bei einem weiteren Gespräch versicherte mir dieser Missionar: „Die Gnaden, die ich in Medjugorje empfangen durfte, führten dazu, dass ich den Ruf zum Priestertum in mir verspürte. Gott hat einen Plan mit jedem von uns. Durch seine Gnade geschah ein gewaltiger Wandel in meinem Leben. Seitdem ich Gott an die erste Stelle gesetzt habe, ist eine große Sehnsucht nach ihm in mir und ein Brennen in meinem Herzen. Ich erkenne klar meine Aufgabe. Gott möchte, dass ich die Menschen durch mein Wirken als Priester zu ihm führe. Gott hat mir die Gnade geschenkt, vom Alkohol loszukommen, dafür danke ich ihm und der Jungfrau Maria."

66. Ich spreche im Gefängnis mit den größten Verbrechern über die Liebe Gottes und den katholischen Glauben

Elisabeth ist in einer katholischen Familie aufgewachsen, doch für Gott hatte sie nur wenig Raum. Bei allen Vergnügungen und Freiheiten spürte sie eine innere Leere und Traurigkeit, die sie zu überspielen versuchte. Mit 23 Jahren zerbrach ihre fünfjährige Beziehung. Es begann eine lange Zeit des Schmerzes, in der sie am meisten unter der Folge der Sünde litt. Sie berichtete über diesen Zustand: „Woher

Hilfe nehmen? Ich schrie zum Himmel! Dort war jemand, der mich hörte. Ich fuhr nach Medjugorje. Jesus hatte auf mich gewartet, um mich zu umarmen und mir zu sagen: ‚Du bist von mir geliebt, mein Kind!' Mit vielen Jugendlichen durfte ich erfahren, was es heißt, Christ zu sein und einen lebendigen Glauben zu haben. Ich begann, mich für Jesus zu entscheiden, mit ihm meinen Alltag zu gestalten. Ich fing an, regelmäßig zu beten, in der Bibel zu lesen, zu beichten und möglichst oft in die heilige Messe zu gehen. Zunächst war dies ein langer, schwerer, mit Rückschlägen gekennzeichneter Weg. Mein altes Leben wollte mich immer wieder zurückgewinnen. Aber es ging voran im Laufe der Jahre. Jesus hat mich oft durch seine Gegenwart in der heiligen Eucharistie angerührt und er hat mein geteiltes, zerrissenes Herz immer wieder geheilt. Nachdem ich wieder Geschmack und innerliche Freude an meinem Leben gefunden hatte, wuchs in mir die Sehnsucht, die Erfahrungen, die ich mit Gott gemacht hatte, weiterzugeben. Aber an wen? Die Not in der Welt ist groß. Wo sollte ich anfangen? Der Herr erhörte mich erneut und führte mich durch eine EMMAUS-Mitarbeiterin ins Gefängnis in Geldern-PONT. Nie in meinem Leben hätte ich daran gedacht, zu Gefangenen zu gehen! Mir war auch nicht bekannt, dass es Menschen gibt, die freiwillig und unentgeltlich Gefangene besuchen und betreuen. Also habe ich mich auf dieses Abenteuer eingelassen. Schon nach dem ersten Gruppenabend bei EMMAUS wusste ich: Dies ist der Platz, den Gott für mich ausgesucht hat. Ich hatte weder Angst noch Misstrauen. Im Gefängnis begegnete ich Menschen, wie du und ich es sind, leider oft von einer unmenschlichen und lieblosen Kindheit geprägt. Ich spürte den großen

Schrei nach Liebe und Geborgenheit in ihren Herzen. Und ich erkannte Jesus in ihnen: ausgestoßen, verspottet, verfolgt und ohnmächtig! In mir steigerte sich immer mehr die Sehnsucht, den Gefangenen von der Liebe Gottes zu erzählen; Liebe, die vergibt, die befreit und die die Herzen heilt und neues Leben schenkt. Seit drei Jahren gehe ich nun einmal wöchentlich ins Gefängnis - und das mit großer Freude –, um die Gefangenen zu besuchen. Wenn ich abends wieder nach Hause gehe, fühle ich mich reich beschenkt. Die Begegnung mit den Gefangenen ist jedes Mal eine Begegnung mit Jesus: ‚Ich war im Gefängnis und ihr habt mich besucht!' Es ist eine große Freude zu sehen, wie Jesus die Herzen verwandelt und den Menschen eine neue Hoffnung gibt. Ich bin Gott dankbar, dass ich auf diesem Wege sein Werkzeug sein darf. Und ich wünsche mir für alle Gefangenen, dass sie sich neu entscheiden können für ein Leben mit Gott, dass sie sich öffnen können für einen lebendigen Glauben, der dem Leben den rechten Sinn verleiht."

Quelle: Emmaus-Rundbrief

67. Drei Freimaurer finden den Weg zum katholischen Glauben durch Pater Pio

In der florentinischen Zeitschrift „Italia Laica" veröffentlichte der führende Freimaurer Alberto del Fante unsachliche und gehässige Artikel über Pater Pio aus San Giovanni Rotondo, den er bis dahin nicht persönlich kannte. Als aber sein Neffe durch Pater Pio von einer tödlichen Erkrankung geheilt worden war, hatte er den Wunsch, den Gottesmann persönlich kennenzulernen. Mit skeptischen Gefühlen und aus Neugier wohnte er der heiligen Messe bei, die Pater Pio zelebrierte. Nach dem Gottesdienst war er so überwältigt, dass er sich radikal bekehrte. Von jetzt an sah er seine wichtigste Aufgabe darin, seine früheren Gesinnungsgenossen für den katholischen Glauben zu gewinnen. Viele seiner ehemaligen Gefährten fanden durch sein mutiges Bekenntnis den Weg zu Pater Pio und zu Gott.

Der ehemalige italienische Rechtsanwalt Cesare Festa war einer der bedeutendsten Führer der ligurischen Freimaurer. Durch einen Verwandten angeregt, fuhr er zu Pater Pio. Dieser ermahnte ihn: „Schäme dich nicht, dich zu Christus und seiner Lehre zu bekennen. Es ist nun Zeit, offenkundig den Kampf aufzunehmen, der Spender aller Güter gebe dir die ganze Kraft dazu!“ Durch diese Worte bestärkt, begab sich der ehemalige radikale Freimaurer zur Generalversammlung, in der sich der Endkampf mit der Freimaurerei und seine öffentliche Lossage abspielte. Nachdem er sich bei Pater Pio für seine Gebete und Ermahnungen bedankt hatte, wurde Cesare Festa von Papst Benedikt XV. empfangen. Mit bewegenden Worten berichtete er dem Oberhaupt der katholischen Kirche von seiner Bekehrung durch Pater Pio.

Herr Rosatelli war ein Freimaurer und ein erbitterter Feind der Kirche. Er hatte seine Seele dem Teufel verschrieben. Als seine Schwester ihm ein Bild von Pater Pio schenkte, machte er ihr heftige Vorwürfe, trotzdem trug er das Bild bei sich. Dabei spürte er eine innere Unruhe. Er wollte bei Pater Pio beichten, doch dieser sagte ihm: „Du bist ein Gotteshasser, wenn du beichten willst, so musst du deine Mitgliedskarte zerreißen." Als Rosatelli das getan hatte, wurde er ganz still. Dann schilderte Pater Pio ihm alles, was er in seinem Leben falsch gemacht hatte. Der Freimaurer war so erschüttert, dass er sich am Franziskus-Altar niederkniete und seine Buße verrichtete.

Die drei angeführten Beispiele zeigen sehr deutlich, dass das wahre Glück im Glauben liegt und die Freimaurerei keinen wirklichen Frieden, keine Geborgenheit und keine echte Liebe zu schenken vermag. Pater Pio wurde inzwischen selig- und heiliggesprochen.

68. Als ich Jesus begegnete, befreite er mich aus Todesängsten und Drogen

Dario Pizzano war ein erfolgreicher Partykönig, ein junger Musik- und Eventmanager, der alles ausprobierte. Er liebte Drogen, erotische Abenteuer, Partys und er genoss das Leben in vollen Zügen. Niemand ahnte, was hinter seiner Fassade steckte: der Schmerz einer schlimmen Kindheit und die schreckliche Angst vor dem Tod.

Als Kind vermisst Dario seinen Papa, muss die wechselnden Partner seiner Mutter verkraften und bleibt, obwohl später seine Partys sehr gut besucht werden, ein emotionales Wrack. Immer wieder muss er körperliche Grenzen überschreiten, um überhaupt noch etwas fühlen zu können. Nach seinen Worten erleidet er Höllenqualen, als er versucht, sich von den Drogen zu befreien. Während einer Autofahrt grübelt Dario über sein verpfuschtes Leben nach. Plötzlich betet er: „Mein Gott, ich kann nicht mehr!" Dann geschieht etwas Unglaubliches. Dario schildert diesen Moment so: „Ich fühle, dass jemand diesen Satz hört. Ich pralle zurück und bin wie geschlagen. Körper, Seele und Geist – alles wird berührt. Ich zittere. Was ist das? Hilfe! Werde ich verrückt? Nein! Es ist keine Einbildung. Es ist wahr. Liebe, unfassbare Liebe durchdringt mich, ein Empfinden unendlicher Kraft und Sanftmut, ein unfassbarer Eindruck. Wärme, Licht und Liebe! Immer neu! Immer anders! Immer stärker! Es ist nicht zu vergleichen mit Drogen. Keine Entfremdung, kein Rausch. Ich bin ganz bei mir, wie ich nie im Leben bei mir war."

Dario kann nur noch weinen – vor Freude. Es ist die spontane Gewissheit: Es gibt einen Gott! Er sieht mich! Er ist da! Ich habe einen himmlischen Vater!

Nach diesem Erlebnis macht sich Dario auf die Suche nach Gott. Er findet einen Priester, der ihm bei seiner Suche behilflich ist. Er liest in der Bibel und weiß: Das ist es, da steht alles, worauf ich mein Leben lang gewartet habe! Die Antwort auf alle meine Fragen! Langsam verarbeitet Dario das Erlebte und erzählt seine Lebensgeschichte schließlich in seinem Buch „Exzess". Zurückblickend kann er heute sagen: „Geholfen haben mir die Familie, das Gebet, die Lektüre der Bibel und das tiefe Wissen, das große Vertrauen, dass Gott mich nicht allein lässt, dass er mich führt und auf meinem Weg dabei ist. Er ist nicht nur da, wenn ich mal in die Kirche gehe oder wenn ich bete, er ist immer da, ich kann ihm alles hinhalten, allen Schmerz, alle Freude. Mit ihm kann ich alles teilen, wie mit einem guten Freund. Das macht zwar nicht alles einfacher, aber alles schöner."

Heute ist Dario Pizzano verantwortlich für die kirchliche Bildungsarbeit im Bistum Erfurt. Er möchte nicht aufhören, den Menschen von der Geschichte zu berichten, die Gott mit ihm geschrieben hat – davon, dass das, was der Glaube sagt, wirklich wahr ist.

Quelle: You Magazin 1/2012

69. Zwei Heidinnen werden durch eine Marienerscheinung bewegt, sich katholisch taufen zu lassen

Während eines Besuches berichtete mir eine Frau in den mittleren Jahren von einem außerordentlichen Erlebnis. Sie schilderte: „Als ich zu einem Klassentreffen in Jugoslawien in der Nähe von Medjugorje weilte, erschien mir ganz unerwartet die Gottesmutter. Sie schwebte in etwa eineinhalb Meter Entfernung vor mir und wurde von einem besonderen Licht umstrahlt. Sofort fiel ich auf die Knie nieder. Die Erscheinung hatte eine mittlere Größe und war von einem wunderschönen blauen Umhang umgeben, den ich in einer solchen Farbenpracht zuvor noch nie erblickt hatte. Unter dem Umhang trug sie ein strahlend weißes Kleid. Ihr Gesicht war rosafarben und ohne jede Falte. Die Erscheinung sah sehr jung und rein aus. Ich hatte vor dieser Dame große Ehrfurcht und Scheu. Ich war unsagbar glücklich und dankbar, dass ich die Gottesmutter sehen durfte. Kein Schatz der Welt könnte mich so glücklich machen wie diese Vision. Dieses Ereignis veränderte mein ganzes Leben, es stärkte meinen Glauben und gab mir die Kraft, anderen Menschen zu helfen, sich zu bekehren. Niemand kann mir sagen, dass es keinen Gott gibt, denn durch Gottes Kraft und Willen durfte ich die Gottesmutter sehen. Seit dieser Erscheinung habe ich mein Leben radikal geändert. Ich faste und lese nur noch religiöse Bücher, besonders die Bibel. Wenn ich sehe, wie die Menschen sündigen, schmerzt mich das sehr. Meine Taufe empfing ich dann in der Pfarrkirche von Medjugorje. Endlich war meine große Sehnsucht nach der Taufe in der katholischen Kirche gestillt!"

Eine Mutter von zwei Töchtern berichtete mir von diesem Ereignis, das in ihrer Familie eine große Wende brachte: „Meine Schwiegermutter rief mich an und sagte, ich solle mir eine bestimmte Zeitung kaufen, in der ein Erlebnisbericht über eine Marienerscheinung stehe. Als ich den Bericht gelesen hatte, besuchte ich diese Person. Ich kenne sie schon lange, denn wir waren vor fünfzehn Jahren Nachbarn. Sie erzählte mir ausführlich von ihrem Erlebnis, das sie in der Nähe von Medjugorje hatte, und von ihrer Taufe und Erstkommunion. Nach diesem Gespräch erwachte in mir eine große Sehnsucht nach dem katholischen Glauben. Bald besuchten wir Medjugorje und dort wurde ich in die katholische Kirche aufgenommen. Es war für mich das schönste Erlebnis. Besonders, weil mir hier eine große Gnade geschenkt wurde: Ich durfte einen herrlichen Rosenduft der Muttergottes wahrnehmen. Es macht mich unbeschreiblich glücklich, dass ich auch zu Hause immer wieder diesen wunderbaren Rosenduft wahrnehmen darf und dabei jedes Mal das Gefühl habe, meine himmlische Mutter stehe neben mir. Ja, ich habe den Weg zu Gott gefunden und bete für die ganze Welt, vor allem um den Frieden, den wir so notwendig brauchen, denn nur durch das Gebet können wir den Frieden erlangen."

Aus dem weiteren Gespräch konnte ich entnehmen, dass sich inzwischen ihre ganze Familie bekehrt hatte und meine Gesprächspartnerin mit ihrem Pfarrer regelmäßig Gefangene besucht, um mit den Häftlingen über die Liebe Gottes und die Gottesmutter zu sprechen.

70. Ein Muslim findet den Weg in die katholische Kirche

Vor einiger Zeit hatte ich eine Begegnung mit einem ehemaligen Muslim aus einer deutschen Großstadt. Im Gespräch berichtete er mir, wie er durch ein besonderes Ereignis zum katholischen Glauben gefunden hatte. Er schilderte: „Durch ein Buch wurde ich auf die Marienerscheinungen von Medjugorje im ehemaligen Jugoslawien aufmerksam. Seltsamerweise wurde mein Herz von einer tiefen Sehnsucht nach diesem Ort erfüllt. Bald beschloss ich, nach Medjugorje aufzubrechen. Als ich dort eintraf, wurde ich von einer beispiellosen Atmosphäre des Gebetes ergriffen. Nachdem unsere Gruppe eine Vision der Seher miterleben durfte, überkam mich ein unbeschreibliches Gefühl, alles in mir war bereit, dem Ruf der Muttergottes zu folgen. Am nächsten Morgen trafen wir einen uns nicht bekannten

Priester, der sich bemühte, mir den christlichen Glauben näher zu erläutern. Nach diesem Gespräch verspürte ich den großen Wunsch, mich taufen zu lassen. So habe ich in Medjugorje durch Maria den Weg zu Jesus gefunden.

An einem Osterfest empfing ich dann das Sakrament der heiligen Taufe. Dabei erlebte ich eine vollkommene Wandlung in meinem Denken und Handeln. Mir wurde zum ersten Mal klar, dass man mit dem Guten das Böse überwinden kann. Seitdem bemühe ich mich, das Gute und Jesus selbst in jedem Menschen zu entdecken."

Ich wollte von meinem Interviewpartner noch wissen, was er anderen Menschen empfehlen würde. Darauf gab er mir eine bemerkenswerte Antwort: „Ich wünsche allen Menschen, aus dieser großen Gnadenquelle in Medjugorje reichlich zu schöpfen."

Vielen Menschen ist leider nicht bekannt, dass Maria auch im Koran eine besondere Verehrung genießt.

71. Ein Atheist findet durch eine gute Tat den Weg in die katholische Kirche

Folgende Geschichte ereignete sich in Belgien in dem Landesteil, der Flandern genannt wird. Eine junge Mutter ging mit ihrem kleinen Kind entlang eines Kanals spazieren. Beim Spielen passte das Kind nicht auf und fiel in den Kanal. Die Mutter war verzweifelt, denn sie konnte nicht schwimmen und sah ihr Kind hilflos vom Tode bedroht. Doch Rettung nahte. Ein Mann, der zufällig vorbeikam, erkannte schnell die Situation, stürzte sich ins Wasser und rettete das Kind. Aus Dankbarkeit lud die Mutter den Retter in ihre nahe gelegene Wohnung ein, um sich aufzuwärmen. Beim Abschied sagte sie zu dem Mann: „Es tut mir leid, ich kann ihnen nichts Wertvolles mitgeben, denn ich habe selbst nicht viel. Aber als Zeichen der Dankbarkeit möchte ich ihnen diese kleine Marienfigur schenken." Darauf sagte der Retter des Kindes: „Wissen Sie, ich bin nicht religiös. Ich glaube nicht an Gott. Aber als Erinnerung an dieses Erlebnis nehme ich die Marienfigur gerne an."

Jahrzehnte später in einem Krankenhaus in der Schweiz: Die Schwestern des Krankenhauses sprechen einen Priester an und sagen: „Wir haben einen Patienten, dem es gar nicht gut geht. Er wird wohl in den nächsten Tagen sterben. Von Gott und Religion will er nichts wissen und einen Priester will er nicht sehen. Aber Sie sind doch gebürtiger Flame – so wie er. Vielleicht freut er sich ja, mit ihnen in seiner Muttersprache flämisch reden zu können."

Der Priester begibt sich daraufhin zu dem Kranken, begrüßt ihn und spricht mit ihm in seiner flämischen Muttersprache. Die Stimmung des Patienten hebt sich. Er wird etwas offener. Beim Gespräch fällt dem Priester eine kleine Marienfigur auf dem Nachtschränkchen auf. Er spricht den Kranken darauf an: „Ich wundere mich etwas. Die Schwestern haben gesagt, sie seien nicht religiös, und jetzt sehe ich diese Figur der Muttergottes bei ihnen." Der Patient erwidert: „Ja, wissen Sie das war vor vielen Jahren in Flandern. Da habe ich ein ertrinkendes Kind gerettet. Aus Dankbarkeit hat mir die Mutter diese Figur geschenkt." Der Priester antwortet: „Ja, ich weiß. Es geschah in diesem Jahr und an diesem Ort." Der Kranke ist völlig verblüfft: „Woher wissen Sie das so genau?" – „Das Kind, das Sie damals gerettet haben, bin ich. Meine Mutter hat mir alles erzählt", antwortet der Geistliche.

Jetzt geschieht das Gnadenwunder der Bekehrung. Der Patient beginnt zu weinen. Er ist bereit zu beichten und empfängt die Sakramente. Wenige Tage später stirbt er versöhnt mit Gott.

Quelle: Betendes Gottesvolk, Wien 1/2012

72. Eine ehemalige „Hexe" findet den Weg zum katholischen Glauben

Über 20 Jahre lang holten sich Politiker, Künstler und Drogenhändler bei einer berühmten „Hexe" in Kolumbien Rat und Hilfe für ihre wichtigen Entscheidungen. Doch ihre Tätigkeit bringt sie in große seelische Bedrängnisse. Heute versichert sie allen, die sich mit diesen Dingen abgeben: „Die Leute denken immer, dass nichts Schlimmes dabei ist, sich mit Wahrsagerei, Spiritismus und Aberglauben einzulassen. Doch dies ist eine Tür, durch die das Böse in das Leben der Menschen eintreten kann. Wenn jemand beginnt, Hexerei und Spiritismus zu praktizieren, öffnet er damit seinen Leib und sein Herz für das Eindringen böser Geister. Und wie Gott existiert, so gibt es auch Hexerei und die Macht des Bösen!"

Was muss diese „Hexe" durchgemacht haben, dass sie sich schließlich in die Arme einer Nonne wirft und fleht:

„Schwester, retten Sie mich, ich bin der Hexerei verfallen." Es ist ein langer Weg der Läuterung und Entsagung. Nach vielen Gebeten, Rückschlägen und einem Exorzismus wird sie schließlich von der Abhängigkeit des Bösen und der Hexerei befreit. Nun versucht sie – nach ihrer Konversion zum katholischen Glauben –, die Liebe und Barmherzigkeit Gottes den Menschen zu verkünden. Sie empfiehlt allen, die in Machenschaften der Zauberei und Hexerei verstrickt sind, zu einem Priester zu gehen, um sich führen zu lassen und Gebete der Befreiung zu empfangen. Ihr Rat: „Machen Sie eine Beichte, die von Herzen kommt! Und wenn Ihr Fall ganz schwer ist, sollten Sie nach einem Exorzismus verlangen, aber er muss durch einen dafür autorisierten Priester vollzogen werden." Eindringlich warnt sie: „Lasst die Finger von Kartenlegen, Wahrsagerei und jeder Form von Hexerei!" Ihre Hauptwaffen gegen die bösen Geister sind das Gebet des Rosenkranzes und der tägliche Besuch der heiligen Messe. Sie ist heute davon überzeugt: „Wenn man sich ganz Christus übergibt und ihn bittet, mit einem zu tun, was er will, dann wird der Herr sich wunderbar und barmherzig erweisen, dann wird er uns helfen, dass wir umkehren können!" **(Fatima ruft, 2/2014, Nr. 225).**

Diese ehemalige kolumbianische „Hexe" bestätigt damit die Aussagen der vielen zitierten Personen, die sich mit diesen dunklen Machenschaften in Lebensgefahr begaben und durch die Rückkehr zum Glauben Rettung fanden.

73. Durch meinen wiedergefundenen katholischen Glauben wurde ich von einer großen Last befreit

Ein junger Häftling schrieb aus der Justizvollzugsanstalt: „Ich heiße Peter und habe noch dreizehn Jahre Gefängnis vor mir. Nach einem Jahr Haft begab ich mich auf die Suche nach christlichen Gruppen. So lernte ich auch die Emmaus-Gruppe kennen. Langsam entwickelte sich eine Vertrautheit, die ich im Gefängnis nie erwartet hätte. Vor allem freute ich mich über die Unvoreingenommenheit und die Tatsache, als Mensch behandelt zu werden. Ich machte die Erfahrung, dass sich meine neuen ‚Geschwister' nicht von mir entfernten, als sie erfuhren, dass ich einem Menschen das Leben genommen hatte. So fasste ich nach und nach den Mut, eine Beichte bei einem Franziskanermönch abzulegen. Noch nie in meinem Leben fühlte ich mich so befreit. Eine tonnenschwere Last verschwand augenblicklich. Nun bete ich in meiner Zelle zu Jesus. Viele meiner Mitgefangenen belächeln es, aber immer mehr von ihnen beginnen darüber nachzudenken, weshalb ich trotz der so langen Haftstrafe so fröhlich bin. Ich sage jedem, dass es Jesus ist, der mir täglich aufs Neue diese Kraft schenkt. Man muss nur den Mut haben, mit Jesus zu leben. So paradox es klingen mag, ich bin froh und glücklich, trotz meiner Situation.

Jesus hat mir ein neues Leben geschenkt. Ich bekam wieder eine Arbeit, die mir Freude bereitet, und neue Freunde traten in mein Leben. Ich möchte auch allen Ehrenamtlichen danken, die ihre Freizeit opfern, um Gefangenen wie mir neuen Mut und Hoffnung zu schenken." **Quelle: Emmaus-Rundbrief**

74. Ein Kirchenhasser verfolgt die katholische Lehre bis zum Letzten und findet in ihr den Sinn seines Lebens

Der Presbyterianer Scott Hahn war einer der größten Widersacher der katholischen Kirche. Er hasste nicht die Katholiken, sondern ihre Lehre und tat alles, um Katholiken von ihrem Glauben abzubringen. Aus diesem Grunde vertiefte er sich sehr intensiv in die katholische Glaubenslehre, um sie gut kennenzulernen und so besser gegen sie argumentieren zu können. Scott Hahn wurde zum regelrechten Bibeldetektiv, der den katholischen Glauben endgültig entlarven und die Katholiken von ihrem religiösen Wahn befreien wollte. Aber je mehr er sich in diese Lehre vertiefte, desto klarer erkannte er die Wahrheit und Schönheit des Glaubens. Und seine neuen Erkenntnisse machten aus dem einstigen Kirchengegner schließlich einen überzeugten Katholiken. Überall begann er Vorträge über seine Hinwendung zur katholischen Kirche zu halten, und mit seinem Bekenntnisbuch „Unser Weg nach Rom" trat er eine Lawine los. Allein von der englischen Ausgabe wurden weltweit über 250.000 Exemplare verkauft. Und längst wurde das Buch auch ins Chinesische, Spanische, Französische, Italienische, Deutsche, Tschechische und Polnische übersetzt.

Bekanntlich spielt die Gottesmutter Maria in protestantischen Kirchen keine Rolle. Als der Presbyterianer Scott Hahn aber das 12. Kapitel, Vers 17, in der Offenbarung studierte, wurde ihm klar: Die Frau mit dem männlichen Kind ist Maria mit Jesus. Wörtlich schreibt er: „Diese Stelle half mir, auch zu verstehen, warum Johannes, im Schmerz unter dem Kreuz stehend, berichtet: ‚Als Jesus seine Mutter sah und bei ihr den Jünger, den er liebte, sagte er zu seiner Mutter: Frau, siehe, dein Sohn! Dann sagte er zu dem Jünger: Siehe, deine Mutter! und von jener Stunde an nahm sie der Jünger zu sich.' Auf der Grundlage dieser Stelle lehrt die katholische Kirche, dass Jesus, der dem geliebten Jünger seine Mutter gegeben hat, sie damit auch jedem seiner geliebten Jünger im Voraus gegeben hat. Ich war ein geliebter Jünger. Sollte ich sie, wie Johannes, auch als meine Mutter zu mir nehmen? Statt Maria als großes Hindernis für mich zu sehen, fing ich an, sie als kostbares Geschenk vom Herrn zu betrachten, als eine Frau, die mich liebte, die sich um mich sorgte und die aus mütterlichem Herzen für mich betete" („Unser Weg nach Rom", Seite 171).

Scott Hahn konvertierte 1986 (und später auch seine Frau und seine Kinder) zum katholischen Glauben. Seit dieser Zeit hat er in großartiger Weise zahllosen Menschen die Schönheit und Wahrheit der katholischen Lehre vor Augen geführt und viele dazu bewegt, katholisch zu werden.

Quelle: Unser Weg nach Rom, Christiana Verlag im Fe-Medienverlag, Kißlegg

75. Ein Atheist wird durch einen Telefonanruf vor dem Selbstmord gerettet und findet im katholischen Glauben seine Zuflucht

Tief bewegt hat mich der Bericht eines jungen Mannes, der nicht mehr weiter leben wollte. Er schilderte: „Als ich das Abitur nicht schaffte, nahm ich Drogen und griff zum Alkohol. Es folgten Prostitution, Diebstahl und Selbstmordversuche. Die nächsten Schritte waren Psychiatrie, Homosexualität, Perversion, Wahnvorstellungen, Verzweiflung, Einsamkeit und Gewahrsam. Die Einsamkeit wurde für mich zum Albtraum. Um zu vergessen, steigerte ich den Alkohol- und Drogenkonsum ständig. Ich fühlte immer mehr, dass ich zu nichts nütze war, dass ich von niemanden geliebt wurde und dass mich alle vergessen hatten. Mit vierundzwanzig Jahren bekam ich eine Leberzirrhose und schoss mir eine Kugel in den Bauch. Ich überlebte, aber ich verlor eine Niere. Die Leere in meinem Leben wurde immer unerträglicher. Schließlich war ich dem Wahnsinn sehr nahe. Depressionen und Verzweiflung beherrschten mein Dasein. Den einzigen Ausweg sah ich im Tod. Ich hatte nur noch einen Gedanken: Selbstmord!"

Wie kam es zur rettenden Wende in seinem Leben?

„In dem Augenblick, als es mir am schlechtesten ging, rief mich eine Dame an und bat mich, sie zu besuchen. Ich habe sie in einer kleinen geistlichen Gemeinschaft besucht. Jeden Donnerstag ging ich zu ihr und nach und nach fühlte ich, dass etwas in mir vorging. Die Dame wurde für mich zu einem Engel Gottes. Eines Tages habe ich in einer kleinen Kapelle, wo das Allerheiligste ausgesetzt war, ganz tief die

Gegenwart Jesu gespürt: Es war wie ein Blitz! Mir wurde bewusst: Jesus liebte mich! Es war kein Zweifel mehr möglich. Endlich wurde ich geliebt, wirklich geliebt! Ich war gerettet! Ich war glücklich. Ich habe den Frieden Jesu gespürt und an jenem Tag habe ich erfahren, dass Jesus mich heilen wollte. Ich habe geweint, aber zum ersten Mal in meinem Leben habe ich vor Glück geweint. Ich war vollkommen geheilt. Seitdem gehe ich ruhig meinen Weg an der Seite Jesu, der mich wieder lehrt zu leben. Heute wende ich mich dem Heiligen Geist zu. Jesus hat so viel für mich getan, ich bin bereit, ihm zu folgen, wohin er mich ruft. Ich will ihm mein Leben weihen! Die Welt braucht seine Liebe so sehr!"

Quelle: Emmaus-Rundbrief

76. Ein Muslim findet durch eine Marienerscheinung den Weg in die Kirche

In Herzegowina traf ich einen jungen ehemaligen Muslim, der mir seine Geschichte erzählte. Er sprach über den Marienort Medjugorje und über ein außergewöhnliches Ereignis, das er dort erlebte: „Ich sah auf dem Erscheinungsberg ein überwältigendes Zeichen, das mich mit unaussprechlicher Freude erfüllte. Dieses Ereignis hat mich bewegt, mein Leben ganz neu zu orientieren. Durch die Erscheinungen Mariens empfinde ich ein innige Liebe und Zuneigung zu dieser großen Frau. Ich spüre sehr deutlich, dass sie die Mutter aller Menschen ist. Ja, ich erfahre durch sie, wie sehr Gott mich liebt. Diese Erfahrung hat mein Vertrauen ganz gefestigt und dazu geführt, dass die Nächstenliebe in meinem Haus einen ganz hohen Stellenwert bekommen hat." Als ich ihn nach seinem Glauben befragte, erwiderte er: „Die Ereignisse in Medjugorje haben dazu beigetragen, dass ich zur katholischen Kirche konvertierte. Mit den Erscheinungen in Medjugorje kam auch die Sehnsucht, katholisch zu werden." Und auf meine Frage, was ihm der neue Glaube bedeute, antwortete er: „Heute sehe ich in diesem Glauben die Wahrheit. Dieser Glaube lehrt uns, dass wir das bessere Leben schon hier auf Erden und auch im Himmel haben."

77. Ein Saufgelage endet mit schwersten Verletzungen, die den Weg zu einer Priesterberufung ebnen

Nars Beemster aus Holland berichtet über die Tiefen und Höhen in seinem sehr bewegten Leben: „Von April bis September gab es überall Stadtfeste. Zum Verdruss meiner Eltern war der Besuch dieser Events mein Leben. Wir Jungs gingen jede Woche aus. Mein Auftreten war frech, grob und arrogant. Großspurig gab ich auch in der Gruppe immer wieder mit wechselnden, gutaussehenden Freundinnen an. Vier Jahre besuchte ich als Jugendlicher ein anstrengendes Boxtraining, um dort meine Frustrationen und meine Wut abzuladen, die mich innerlich oft quälten. Vor allem galt ich als Boxer in meiner Clique als ganzer Kerl, zu dem man aufblickte."

Doch dann gibt es in Nars Leben einen verhängnisvollen Abend, der eine große Wende bringt: „In der Nacht vom 19. auf den 20. August 1990 trafen wir Freunde uns mit einer anderen Clique in der Kneipe des Nachbardorfes. Das Bier floss an diesem Abend in Strömen und es war spät, als wir nach ausgiebigem Saufgelage das Lokal verließen. Draußen warteten schon einige alkoholisierte Gruppen ungeduldig auf Taxis. Ein Streit brach aus, der in eine Massenschlägerei ausartete, in die ich hineingeriet, weil Freunde mich zu Hilfe riefen. Als Boxer konnte ich nämlich kräftig zuschlagen. Doch in dieser Nacht war ich so betrunken, dass ich auf die Schläge und Tritte meiner Angreifer nicht einmal mehr reagieren konnte und regelrecht ins Koma geprügelt wurde. Erst nach eineinhalb Tagen erwachte ich im Krankenhaus. Mein Gesicht war völlig zerschlagen und neben einem mehrfachen Nasenbeinbruch hatte ich schwere Hirnschäden erlitten, die Krämpfe und Zuckungen zur Folge hatten. Eine Lähmung der linken Gesichtshälfte verursachte mir große Sprechschwierigkeiten. Auch ließ sich mein linker Arm nicht steuern und ein Bein schleppte ich bei ersten Gehversuchen kraftlos nach. Weil ich mich zudem kaum mehr konzentrieren und deshalb nicht studieren konnte, musste mein Technikstudium vorerst aufgeschoben werden. Ich hatte striktes Alkoholverbot und auch keine Kraft, um Feste zu feiern. So blieb ich allein zurück und fühlte mich im Stich gelassen. Mein Heilungsprozess dauerte insgesamt mehr als sechs Jahre, wobei ich nie wieder zu meiner ursprünglichen Kraft und Kondition zurückfand. Physisch und psychisch war ich ein halbes Jahr nach dem brutalen Angriff am Ende.

Meine Gedanken kreisten ständig um den Selbstmord eines früheren Boxkumpels, der sich kürzlich vor den Zug geworfen hatte."

In seiner großen Angst, Not und Verzweiflung beginnt Nars schließlich zu beten: „Gott, ich kenne Dich nicht, aber ich weiß, dass Du existierst. Ich wage es kaum zu sagen und verdiene es nicht, doch ich bitte Dich: Hilf mir!" Bei einer Medjugorje-Pilgerfahrt, an der Nars teilnimmt, findet er Jesus, seinen Retter. Die Liebe zu Jesus ist so stark, dass Nars Beziehung zu seiner Freundin zerbricht. Sie verabschiedet sich von ihm mit den Worten: „Du liebst ja Gott mehr als mich!" Auf der Suche nach seiner Bestimmung sagt ihm sein Bischof: „Wenn du berufen bist und nicht dein Zuhause, deine Eltern, deinen Besitz und deinen neuen Job zurücklassen willst, um Jesus nachzufolgen, wie Er es von dir erbittet, dann bist du Seiner nicht würdig."

Diese ernsten Worte des Bischofs stellen die Weichen für sein weiteres Leben. Am 25. Mai 2002 empfängt Nars die Priesterweihe und bekennt heute, dass er glücklich ist und sich kein anderes Leben mehr vorstellen kann. Sein Glück verdankt er auch seinem Namenspatron, dem hl. Bernhard und dessen mächtiger Fürsprache. Rückblickend versichert Nars: „Meine schweren Verletzungen haben damals mein Leben komplett verändert und mein Schmerz half mir indirekt zu meinem heutigen Glück. Es erstaunt mich immer noch, wie Gott in eine so leidvolle Situation hineinwirkte und schlussendlich alles so segensreich endete."

Quelle: Triumph des Herzens, 2013/Nr. 117

78. Ein Mitglied der jüdisch-orthodoxen Familie erlebt in der katholischen Kirche einen unglaublichen Frieden

Es gibt wohl kaum einen größeren Kontrast als zwischen Orthodoxen Juden und Katholiken und doch findet ein Mitglied dieser Religion den Weg zum katholischen Glauben. Eines Tages wird ein orthodoxer Jude von einer Bekannten in ein katholisches Gotteshaus geführt und erlebt zum ersten Mal den Ablauf einer heiligen Messe. Der Jude versichert: „Ich verstand nichts vom Ablauf der heiligen Messe, aber ein unglaublicher Friede erfüllte mein Herz. Gottes Gegenwart und Liebe wirkten so stark auf meine Seele, dass ich es nicht fassen konnte. Ich war so ergriffen, dass ich weinte wie nie zuvor. Als meine Bekannte von den Erscheinungen der Gottesmutter in Medjugorje berichtete, fühlte ich ein großes Verlangen, dorthin zu fahren. Schließlich erreichte ich diesen Ort und erlebte hier einen unaussprechlichen Frieden. In meinem Herzen verstand ich, dass Gott mich als Getauften haben wollte. Hier in Medjugorje wurde mir klar, wie sehr Maria mich liebt. Ich weinte viel, denn eine solche Liebe hängt nicht von unserem Können ab. Sie ist eine Gabe Gottes. An diesem Ort begann ich zu glauben, dass Jesus im Altarsakrament gegenwärtig ist. Er ist das Brot des Lebens. Ich entdeckte auch das Geschenk der Beichte, dieses wundervolle Sakrament, das von den jungen Leuten noch so wenig verstanden wird. Wenn sie sich doch nur dieses Geschenkes bewusst wären! Wir brauchen die Beichte und die Vergebung so sehr! Jesus ruft uns zu: ‚Gib deine Schuldgefühle auf, gib deine Last ab!‘ Meine

Sehnsucht nach der Taufe und der heiligen Kommunion wurde immer größer. Als Jude machte mich die Anwesenheit Marias betroffen, denn die Rolle der Mutter ist in der jüdischen Familie sehr wichtig, sie ist immer anwesend, sie sichert die Stabilität, sie schenkt ihr beständige Zärtlichkeit. Meine Eltern waren sehr verletzt, als ich katholisch wurde, aber meine Mutter liebt mich genauso wie vorher. Hier in Medjugorje kommt Maria jeden Tag zur selben Stunde, sie ist immer dieselbe und unser Leben braucht diese Stabilität. Wir alle brauchen eine Mutter, eine mütterliche Liebe. Gott hat uns so geschaffen. Die ersten Tage unseres Lebens verbringen wir im Zimmer unserer Mutter, wo wir genährt und geliebt werden. Im geistlichen Leben brauchen wir auch eine Mutter! Und für uns alle ist das Maria, ob wir nun Juden, Protestanten, Katholiken oder Atheisten sind: Maria liebt uns alle! In der von Gott bestimmten Zeit werden wir alle auf einen einzigen Ölbaum gepfropft werden, und das jüdische Volk wird sehen, dass Jesus der Messias ist. Nicht wir wählen Jesus, sondern Jesus wählt uns. Das Einzige, das wir zu tun haben, ist: unser Herz öffnen und Ja sagen."

79. Ein Mörder findet Frieden und Geborgenheit in der katholischen Kirche

Thorsten stammt aus Schwerin in Ostdeutschland und hat Unbeschreibliches erfahren. Er erlebte als Kind Streit in der Familie und wurde oft wegen Lappalien hart bestraft und manchmal sogar blutig geschlagen. Vor allem verletzten ihn die Worte der Eltern: „Wir haben dich nie gewollt, du bist an allem schuld!" Die Mutter drohte sogar, sich wegen ihm umzubringen. „An diesem Tag zerbrach mein Urvertrauen und mein Gefühl für Gerechtigkeit", berichtet er. „Der Hass begann sich in meinem Herzen einzunisten."

In der Schule wurde Thorsten immer schwieriger, die Klagen gelangten an die Eltern und so bekam er noch mehr Prügel. Bald verlor er jedes Selbstwertgefühl und wurde zum stadtbekannten Schläger. Mit 18 Jahren verurteilte ihn ein Gericht das erste Mal wegen Diebstahls zu zehn Monaten Haft. Beim zweiten Mal erhielt er ein Jahr und zehn Monate wegen Körperverletzung. Und bei seiner dritten Verurteilung wurden ihm wegen wiederholten Missetaten fast drei Jahre aufgebrummt.

Obwohl Thorsten danach eine Frau fand, die viel Verständnis für ihn aufbrachte, fühlte er sich in dem damals noch sozialistischen Land wie ein Gefangener. Nach einem gescheiterten Fluchtversuch wurde er zu zwei Jahren Haft verurteilt und anschließend nach West-Berlin abgeschoben. Dort fand er zwar die Freiheit, war aber trotzdem sehr unzufrieden. Er trennte sich von seiner Lebensgefährtin, die er in den Westen bringen konnte, und saß allein in seiner Berliner Wohnung. Sein ganzes Leben erschien ihm völlig sinnlos, seine Vergangenheit als eine einzige Katastrophe. In dieser grenzenlosen Ausweglosigkeit rief er aus: „Satan, du kannst meine Seele haben, ich pfeife auf mein Leben." Bald darauf fanden sich Personen bei ihm ein, die ihm zwielichtige Jobs anboten. So wurde er schließlich Leiter einer Organisation, die sich auf den Diebstahl von Luxusautos spezialisiert hatte. Das machte ihn sehr reich. Als einer seiner engsten Mitarbeiter hinter seinem Rücken Geschäfte zu machen begann, erschoss er ihn kurzerhand. Wenige Zeit später betrat er bei einem Mallorca-Aufenthalt eine kleine Kapelle. Und obwohl er nicht an Gott glaubte, schrieb er auf einen Zettel an der Pinnwand der Kapelle: „Ich wünsche mir ein Leben in Glück!" Denn Thorsten war, trotz seines Geldes und seines Erfolges, unglücklich.

Als er bei einem Paragleiter-Flug abstürzte und dabei fast unverletzt blieb, rief seine Freundin, die eigentlich ungläubig war, spontan aus: „Gott muss einen Plan mit dir haben, dass du das überlebt hast." Eine prophetische Aussage, wie sich später zeigen sollte.

Thorsten, der führende Kopf des damals größten europäischen Autoverschieberrings wurde entlarvt und verhaftet. Ein Gericht verurteilte ihn zu einer langjährigen Strafe, vier Jahre und neun Monate davon in Einzelhaft. Während dieser Zeit sah er nur seinen Gefängniswärter. Als Thorsten nach seiner Einzelhaft mit Mitgefangenen an einem Ostertag einen Jesusfilm anschauen konnte, schrieb er dazu in sein Tagebuch: „Jesus, Du hattest Deine Auferstehung. Gib auch mir eine zweite Chance! Schenk mir ein neues Leben!" Später erinnerte ihn ein Fensterkreuz an Jesus und er flüsterte in die Leere: „Ich weiß nicht, ob es Dich gibt, Gott. Aber wenn es Dich gibt, schenk mir ein neues Leben! Schau nur, was ich getan habe. Ich habe mich über Dich gestellt, indem ich über Leben und Tod entschieden habe. So will ich nicht länger leben!" Tränen der Reue liefen über sein Gesicht. Plötzlich vernahm er eine unsagbar liebevolle und barmherzige Stimme: „Ich weiß!" In diesem Augenblick brach sein altes Weltbild zusammen und er wusste, dieser Jesus existiert, es

gibt Ihn, Er lebt. Als Thorsten am nächsten Tag frohen Herzens und mit einem glücklichem Lächeln seinen Mithäftlingen begegnete, glaubten sie, er sei übergeschnappt. So kannten sie ihn nicht. Thorsten vertiefte sich nun in die Bibel, erkannte, dass Jesus ihm eine zweite Chance gegeben hatte, und wurde gläubig. Am 20. Juni 2000 war es so weit: In der Kapelle der Justizvollzugsanstalt Berlin-Tegel wurde Thorsten durch die Taufe ein Kind Gottes. Er erinnert sich: „Erst später wurde mir bewusst, dass es genau das Datum war, an dem ich acht Jahre zuvor zum Mörder geworden war. Nun begann ich, Gott nach seinem Willen zu fragen, und bat Ihn, mir zu zeigen, welche Aufgabe ich nach meiner Entlassung übernehmen sollte. Er gab mir die Antwort: „Geh dorthin zurück, wo ich dich getroffen habe, und baue ein Haus der Barmherzigkeit!“
Nach 14-jähriger Haftzeit hatte Thorsten die Möglichkeit ‚nach Medjugorje zu fahren. Dort bat ihn ein südkoreanischer Priester, er möge mit nach Korea kommen, um dort Zeugnis von seinem Leben zu geben. In diesem Land lernte Thorsten dann seine jetzige Frau kennen und sie weihten ihre Ehe der Gottesmutter.

Bis heute geht Thorsten dreimal in der Woche in die Jugendstrafanstalt, um den Jugendlichen zu helfen und ihnen von Gottes Barmherzigkeit Zeugnis zu geben. 2001 weihte er sich im Gefängnis der Gottesmutter: „Ich tat dies ganz bewusst, denn in mir war vieles zerstört, da mir meine leibliche Mutter kaum Liebe hatte schenken können. Deshalb bat ich Maria, mir Mutter zu sein, und ich kann bezeugen: Sie hat alle meine Erwartungen weit übertroffen!“, so Thorsten.

Quelle: Triumph des Herzens, 2015, Nr. 129

80. Eine Christenhasserin findet den Weg in die katholische Kirche

Nahed Mahmoud Metwally stammt aus einem muslimischen Elternhaus und wird Lehrerin an einer renommierten Mädchenschule. Sie hasst ihre christlichen Schülerinnen. Als sie auch unzufrieden mit ihrer Sekretärin ist, erhält sie eine neue. Doch Salwa, die neue Sekretärin, ist Christin und trägt offen ein großes Lederkreuz, was Nahed als strenger Muslima sehr missfällt. Naheds Verhalten den Christen gegenüber ist alles andere als gerecht. Doch Salwa erträgt alles geduldig, was Nahed gegen sie unternimmt. Das bringt Nahed zm Nachdenken. Lange spricht sie deshalb mit Salwa über den christlichen Glauben. Als die Muslima danach das Büro verlässt, ist ein großes Interesse für Christus und seine Lehre in ihr entfacht. Denn Großartiges ist geschehen. Als ihre neue Sekretärin über Jesus zu sprechen beginnt, kann Nahed einen wunderbaren Weihrauchduft wahrnehmen. Und im Laufe des Gesprächs erkennt sie, dass Salwa etwas hat, was sie so sehr vermisst: die Wahrheit. Nahed wird immer begieriger, mehr über Gott zu erfahren. Sie will die Bibel lesen, einer heiligen Messe beiwohnen und einen Priester sprechen. Bald schon bereitete sie sich auf die Taufe vor. Nachdem sie diese und anschließend auch die erste hl. Kommunion empfängt, macht sie es sich zur Gewohnheit, jeden Tag zur Kirche zu gehen und die hl. Eucharistie zu empfangen.

Als ihre Konversion zum katholischen Glauben in ihrer Umgebung bekannt wird, erlebt sie einen gnadenlosen Verfolgungskampf. Es kommt zu Verhaftungen und

Schikanen, schließlich kann Nahed ins Ausland fliehen, aber auch dort ist sie vor ihren Verfolgern nicht sicher. Ihr eigener Sohn will sie nach Ägypten entführen und zur Wiederannahme des Islams zwingen. Insgesamt werden sieben Männer und vier Frauen wegen ihrer Konversion verhaftet und auch gefoltert. Heute lebt Nahed als politischer Flüchtling und unternimmt Vortragsreisen in viele Länder. Dabei erwähnt sie auch die große Sehnsucht vieler Muslime nach einem barmherzigen Gott, den sie nun im katholischen Glauben kennenlernen durfte. Kurz nach der Landung in einem fremden Land bekennt sie: „Anstatt traurig darüber zu sein, dass ich mein geliebtes Heimatland verlassen musste, genoss ich einen unbeschreiblichen Frieden. Ich lehnte mich zurück und dankte Gott dafür, dass er so wunderbar an mir gehandelt hatte."

Quelle: Von Allah zu Christus, Nahed Mahmoud Metwally, Miriam Verlag

81. Eine große Sehnsucht nach Maria und der Eucharistie führt eine Protestantin in die katholische Kirche

Mit 16 Jahren besucht Kordula Wöhler zum ersten Mal einen katholischen Gottesdienst und wird durch die Messfeier tief ergriffen. Trotz ihres evangelischen Elternhauses liest sie schon als Kind Bücher von katholischen Schriftstellern. Aufgrund ihres empfindsamen Gemütes leidet sie sehr stark darunter, wie Protestanten mit dem Abendmahl umgehen.

Sie kann nicht nachvollziehen, dass Christus dort zwar wirklich gegenwärtig werden soll, wenn die Gläubigen den Wein und das Brot empfangen, dass aber nach der Abendmahlsfeier die Reste wieder zu gewöhnlichem Brot und Wein werden sollen. Auch die Verehrung der Heiligen, besonders der Mutter Jesu, wird von ihrem protestantischen Vater und Pastor, als Abgötterei verworfen. Diese Umstände belasten sie sehr. Wann immer es ihr möglich ist, besucht sie katholische Gottesdienste. In einem verstaubten Winkel einer protestantischen Kirche entdeckt sie eines Tages eine hölzerne Pietá, eine Marienstatue mit dem Leichnam Jesu auf ihrem Schoß. Das Bildnis erschüttert sie tief. Sie säubert den Winkel und die Statue und bringt fast täglich Blumen vorbei, weil sie eine stets wachsende Liebe zur Gottesmutter empfindet. Als die Eltern diese Andachtsübungen ihrer Tochter entdecken, wird die Statue entfernt und taucht nie wieder auf.

Mit dem Erreichen der Volljährigkeit entschließt sich Kordula, katholisch zu werden. Dass die Tochter einer protestantischen Pastorenfamilie des 19. Jahrhunderts katholisch wird, ist damals eine Katastrophe. Deshalb muss Kordula ihr Elternhaus verlassen. Sie leidet schwer unter dem Abschiedsschmerz und wendet sich in ihrer Trauer an die Gottesmutter. Dabei verfasst sie mehrere Texte. Einer ihrer Niederschriften wird schließlich zu einem der bekanntesten und beliebtesten Marienlieder der katholischen Kirche. Drei der fünf Strophen dieses Textes finden sich heute sogar im katholischen Gotteslob wieder, von denen hier zwei wiedergegeben werden:

Segne du, Maria, segne mich dein Kind,
dass ich hier den Frieden, dort den Himmel find.
Segne all mein Denken, segne all mein Tun,
lass in deinem Segen Tag und Nacht mich ruhn!

Segne du, Maria, unsre letzte Stund!
Süße Trostesworte flüstre dann dein Mund!
Deine Hand, die linde, drück das Aug' uns zu,
bleib im Tod und Leben unser Segen du!

Kordula Wöhler findet in ihrem neuen Glauben das, was sie bisher vermisst hatte. Nach ihrem ersten Kommunionempfang ist sie überglücklich und denkt mit Schmerzen daran, wie ihr Vater als protestantischer Pastor die Gaben von Brot und Wein nach dem Abendmahl wieder in den Küchenschrank zurückstellt.

Bei ihrer Wohnungssuche findet sie ein Zimmer, in das nachts von der nahe gelegenen Kirche das „ewige Licht" herüberscheint. Dieses „ewige Licht" erinnert sie ständig daran, dass in ihrer Nähe der eucharistische Heiland gegenwärtig ist. Auch die Bezeichnung „Abgötterei", die ihr Vater für die Heiligenverehrung verwendet, verletzt Kordula im Innersten. Mit ihren Gedichten und Liedern zeigt sie sogar für Katholiken auf, dass man durch die Heiligenverehrung Gott verherrlichen und durch sie Schutz und Hilfe in großer Not erfahren kann. In Maria findet sie die wunderbare Mutter, die sich um alle Probleme kümmert und die Menschen in großem Leid und Schmerz tröstet. Als Kind weiß sie sich geborgen und beschützt durch ihre himmlische Mutter Maria. Das drückt sie in ihrem Lied so aus: „Lass in deinem Segen Tag und Nacht mich ruhn!"

Quelle: Betendes Gottesvolk, Wien 2006

Nachwort

Die Begegnung mit dem katholischen Glauben ist eine Begegnung mit dem lebendigen Gott, der die Macht hat, Leib und Seele zu heilen.

Besonders beeindruckten mich die Gespräche mit jungen Menschen, die ihrem Leben ein Ende bereiten wollten, weil sie in ihrem Dasein keinen Sinn mehr sahen, die aber durch die Rückkehr zum katholischen Glauben eine radikale Wende erlebten. Diese Entdeckung des Glaubens machte sie offen für die Sorgen und Nöte ihrer Mitmenschen. So wurden sie selbst apostolisch tätig, um möglichst vielen Menschen zu zeigen, dass der katholische Glaube auch für sie zum Ausweg aus allen Krisen und Nöten werden kann. Ein junger Mann brachte die ganze Situation auf einen Nenner: „Mein Leben lang war ich auf der Suche gewesen, hatte alles Mögliche und Unmögliche ausprobiert und war doch nie auf Dauer glücklich. Immer weiter trieb es mich auf der Suche nach innerer Ruhe und Glück. Jetzt weiß ich, es ist ganz einfach – Gott ist es, den ich suchte! Durch den Glauben an Gott wurde ich reich beschenkt. Mein Glück und meine Zufriedenheit fand ich nur in Gott. Nun fühle ich mich verpflichtet, jungen Menschen den Weg zu der gleichen Gotteserfahrung zu zeigen. Ich fühle mich berufen, mich für die jungen Menschen einzusetzen, weil ich selbst erlebt habe, dass mein Leben viel besser verlaufen wäre, wenn ich früher Kontakt zu Gott und zum katholischen Glauben gefunden hätte."

Der bereits erwähnte Scott Hahn, der eine tiefe Abneigung gegen die katholische Lehre hatte und als protestantischer Theologe alles versuchte, um die „armen irregeleiteten Katholiken“ von ihrem Wahn zu befreien, kam durch das Studium der katholischen Glaubenslehre zu dem Schluss: Ich habe die Wahrheit gefunden. Diese seine neue Erkenntnis veranlasste ihn und seine Frau Kimberly dazu, zum katholischen Glauben zu konvertieren. Scott und Kimberly Hahn schreiben im Vorwort einer späteren Auflage ihres Buches „Unser Weg nach Rom“: „Wir hatten anfangs keine Ahnung, wie sehr das Buch die Leser bewegen würde. Da sind viele Katholiken, die uns ihre Freude darüber bekunden, dass sie durch die Brille von Neulingen die Wahrheit und Schönheit der Kirche als Familie Gottes wiederentdecken. Viele Nicht-Katholiken schrieben uns, dass unser Buch ihnen geholfen habe, ihre Missverständnisse über das Katholische zu korrigieren.“

Das Buch „Unser Weg nach Rom“ führte viele Glaubenszweifler in die katholische Kirche!

Benutzte Literatur

Armsdorfer, Margarete, Der Weg meiner Bekehrung, Mediatrix Verlag, St. Andrä-Wördern

Frossard, Andre, Gott existiert, ich bin ihm begegnet, Herderbücherei, Freiburg

Gorissen, Burkhardt, Ich war Freimaurer, Sankt Ulrich Verlag, Augsburg

Maillard, Emmanuel, „Das verborgene Kind von Medjugorje", Parvis Verlag, Ch-Hauteville

Metwally, Nahed Mahmoud, Von Allah zu Christus, Miriam Verlag, Jestetten

Pridmore, John, „Ein Gangster findet Gott", Miriam Verlag, Jestetten

Hahn, Scott, Unser Weg nach Rom, Christiana Verlag, Stein am Rhein

Weigl, Alfons, Vertrau auf die Mutter, Verlag St. Grignionhaus, Altötting

Zeitschriften

Fatima ruft, Kisslegg

Kirche heute, Altötting

Maria heute, Parvis Verlag, Hauteville (Schweiz)

Triumph des Herzens, zu beziehen bei: Familie Mariens, St. Josef, Deckerberg 3, DE 82272 Moorenweis